我认出许多熟悉的脸

闫红读名著

如是 红拂 潘金莲 林冲 鲁智深 武大郎 项羽 韩信 安娜·卡列尼娜 白瑞德 杜十娘 罗敷 李清照 杨步伟 柳如是 红拂 潘金莲 林冲 鲁智深 武大郎 项羽 韩信

闫红
作品

江苏凤凰文艺出版社
JIANGSU PHOENIX LITERATURE AND ART PUBLISHING, LTD

图书在版编目（CIP）数据

我认出许多熟悉的脸：闫红读名著 / 闫红著. —
南京：江苏凤凰文艺出版社，2018.11
ISBN 978-7-5594-2874-5

Ⅰ. ①我… Ⅱ. ①闫… Ⅲ. ①散文集 - 中国 - 当代
Ⅳ. ①I267

中国版本图书馆CIP数据核字（2018）第209645号

书　　名	我认出许多熟悉的脸：闫红读名著
作　　者	闫　红
责任编辑	丁小卉　姚　丽
选题策划	苗　洪
出版发行	凤凰出版传媒股份有限公司 江苏凤凰文艺出版社
出版社地址	南京市中央路165号，邮编：210009
出版社网址	www.jswenyi.com
经　　销	凤凰出版传媒股份有限公司
印　　刷	三河市中晟雅豪印务有限公司
开　　本	880毫米×1230毫米　1/32
字　　数	240千字
印　　张	9.5
版　　次	2018年11月第1版　2018年11月第1次印刷
标准书号	ISBN 978-7-5594-2874-5
定　　价	39.80元

江苏文艺版图书凡印刷、装订错误可随时向承印厂调换

这些名著中的违和处，是为相似的灵魂特意设下的标记

我等待着，它们被识别，被认领

我等待你，如约而至

序 •

我十四五岁那年，身边的人忽然都读起了名著，我爸的同事，邻居家的男孩女孩，人手一本上海译文出的以电影剧照为封面的世界名著，其中人气最旺的一本，是《简·爱》。

这与同名电影的深入人心有关，特别是那段台词："你以为我贫穷、相貌平平就没有感情吗？我向你起誓：如果上帝赐予我财富和美貌，我会让你难于离开我，就象我现在难于离开你一样。上帝没有这样安排。但我们的精神是平等的。就如同你我走过坟墓，平等地站在上帝面前。"

多少人从中读出了又骄傲又卑微又富含深情的自己，女生尤其是，都觉得上天欠自己一个罗切斯特，以及一个达西，一个白瑞德……

开始觉得哪里不对，是在许多年之后，可能是罗切斯特跟简·爱谈自己的婚姻撇得太清："她的亲戚们怂恿我，情敌们刺激我，她又引诱我，使得我几乎连自己也未弄清怎么回事就稀里糊涂地结了婚。"

您有这么傻白甜吗？您真的无视伯莎那三万英镑的嫁妆？关于这个，罗切斯特又推到了自己爸爸的头上：都是我爸让我娶她。

婚后他就发现，他们格格不入，"她的志趣令我反感，她的心灵庸俗、猥琐、狭窄，奇特地怎么也引导不到任何高一点的层次、任何宽一点的境界。"

言下之意，他自己就是不庸俗不猥琐不狭窄高层次宽境界的心灵本灵了。当年看到这段，对罗切斯特很是同情，如今却难免冷笑一声，"痛说革命家史"，不是出轨男最常见的套路吗？他们也会跟人家说自己的老婆是疯子，对方若是有意，通常会深信不疑。

并不是想用道德解读小说，相反，我一直特别同意那句话，伟大作品，表现的都是人类的道德困境。问题在于，这部小说的作者，一直试图帮助男女主人公占领道德高地，把原配伯莎，罗切斯特曾经的情人一个法国舞女，以及无端端被罗切斯特耍弄的英格拉姆全推向不道德的境地，作家不可以这样动用自己的金手指，当然，考虑到这部小说有点自传的成分，也不是完全不能理解。

读《飘》的体验正好相反。早年也曾稀里糊涂地看过一遍，有点印象的，是郝思嘉很迷人而白瑞德很大手笔，代入感是难免的，虽然淳朴的自己跟郝思嘉八竿子打不着，但若是不小心撞上一个白瑞德，也是很好很好的。

这次花了两天时间重读，读完是在凌晨，整个人都不好了，除了媚兰，每一个人都让我难过，最让我难过的是白瑞德。

一个太矛盾的人。只是因为他更加忠实自我，被守旧者从家乡驱逐出来，人人当他是危险分子，有点体面的家庭都不愿意接待他。他以桀骜保存自尊，发誓与旧式道德为敌，当他看见我行我素的郝思嘉，以为寻到一个帮手，他撺掇她各种离经叛道，但又总是阴阳怪气。

因为他的骄傲让他害怕暴露真心，甚至于，他也并不了解自己的真心，他对于旧时代旧道德并不像他以为的那样毫无留恋，所以他在宠溺郝思嘉的同时，又对代表着旧时代里最好的一切的媚兰崇拜至极，他的阴阳怪气，是他害怕被嘲讽与践踏。

郝思嘉始终不懂他的心，是因为他实在太难懂，也没给她一本密码本。他最后对郝思嘉的怪罪完全是迁怒，他弄得那么苍凉全怪他自己，用一句诗形容就是“佯狂真可哀”。背负太多的他，怎么可能成为最好的情人？

《飘》并不是一部爱情小说，它写的是翻天覆地的大时代里，个人最具个性化的体验，我老觉得，就像《简・爱》被高估了一样，《飘》也许是被低估了的一部小说。

《包法利夫人》则让我一言难尽，它让我想起莫泊桑的《项链》，都是写女人的虚荣害了自己，也害了身边人。但是《项链》里的女主角更加单纯，她犯的是我们都可能犯的错，包法利夫人不但虚荣，还胆大妄为，为了假想中的更高级的生活，一次次出轨，欠下巨额债务，最终倾家荡产。她比《项链》的女主糟糕多了。

但是作家福楼拜却说，我就是包法利夫人。这话看似无理，细细品来却像香菱说的，像是舌头上有个千斤重的橄榄，重读这个小说，我认出许多熟悉的脸。

包法利夫人迷恋巴黎，我们向往北广上；她认为更高级的生活，就是更高级的消费，当下不正是如此？她一次次出轨，并非水性杨花，而是看多了恋爱小说，把爱情看成人生的刚需，这种错觉如今依然游荡于世间；她是宝姐姐说的，读书把脑子读坏了的人，这一点是不是很像我们自己？

我无法总结包法利夫人，就像我也无法总结《安娜·卡列尼娜》，尽管在阅读过程中，我不停地在心中感叹：她怎么那么作？却也不得不说，假如她没有那么作，就没有那么美，那么生动。张爱玲都说，生活安宁心里动荡的女人不容易老，只是安娜最后把自己的生活也弄得动荡了，却也是她的一种非如此不可。

当然，让我有了全新的阅读感受的，还是《水浒传》，至于读到了什么，我就不在这里细说了，我想说的是，把“英雄好汉”四个字的道德价值取消，在零道德的框架读它，你会有更多收获。

《三体》里有个很有意思的情节，太空飞船“蓝色空间”号上的一些人无意中进入了四维碎片，再看三维的自己，五脏六腑都清清楚楚。维度的提高，会带来更好的观察力，窃以为，阅读也是如此。相对于许多年前，我的阅读，大概是从二维进化到三维了，能够理解更多，同时想蒙我也没那么容易。

这跟终于告别了“择偶式阅读”有关，这是我发明的一个说法：在阅读中放入现实诉求，自动代入女主或男主，在书里看到个异性就想TA是不是理想伴侣，存了这个念头在先，自然看不到四野八荒，也不看到秋毫之末。如今读书，无欲则刚，更像是跟大师下棋，不能说走一步看三步，比从前，却是眼明心亮了许多。

从2005年出版第一本书《误读红楼》，到这本已是第十本，我得说，这是我最喜欢的一本书，它是我对名著的梳理，更是我对于现实的认知。整理书稿的过程，我简直是废寝忘食，有时小小地得意，有时窃笑不已，我知道有些说法，也许会让人觉得违和，但正是这违和处，是为相似的灵魂特意设下的标记。我等待着，它们被识别，被认领，我等待你，如约而至。

目录

CONTENTS

名著里的那些细思极恐○

美人其颀

水浒群英

楚汉争霸

乱世佳人

感怀旧时

美人其颀·

日出东南隅，
照我秦氏楼。
秦氏有好女，
自名为罗敷。

「〇〇壹—〇肆陆」

杜十娘看错了李甲
而你看错了她

小时候看电影《杜十娘》，在被潘虹惊艳的同时，难免也要想：如果杜十娘一开始就告诉李甲她有那么多金银财宝，李甲还会出卖她吗？当然李甲不是个好东西，但是杜十娘既然都跟了他了，不是已经把他当成“好东西”了吗？就算对李甲失望，也用不着去死啊！那时候我虽然很小，却也知道钱财就是生路。

后来在“三言二拍”里看到原文，发现杜十娘才是个厉害角色。李甲是个可怜虫，生性软弱，却被强者选中，身不由己地往前走，没有勇气做一点抵抗。当同样强势的孙富出现，李甲就站在了“战争”的最前沿，被动地成为事件的负责者。

我们不妨先把这故事捋捋。李甲是万历年间一个小小的富家子弟，时逢日本攻打朝鲜，大明王朝要抗日援朝，一时间经济吃紧。户部想出了“纳粟入监”的主意：让有钱人家捐点钱，子弟就能进入国子监读书。地方上的有钱人纷纷将娃送到京城里来，跟现在花钱留学差不多。有的年轻人离开父母后就开始胡闹，像李甲，一步从国子监跨进了烟花巷。

不过他的沉迷也情有可原——他沉迷的对象是京城脂粉堆里的头牌杜十娘。

这杜十娘色艺双绝，“不知历过了多少公子王孙，一个个情迷意荡，破家荡产而不惜”。李甲也是在劫难逃，只是当他渐渐花光了口袋里的钱，老鸨开始不待见他了。老鸨对杜十娘说：“人家养个闺女是摇钱树，我养个闺女倒是个退钱白虎。他不滚蛋是吧？你去跟他说，有本事出几两银子与我，我把你交给他，我自己再买个姑娘赚钱。”

杜十娘拿住了这话头，问她是否当真。老鸨估摸着李甲已是两手空空，干脆随口出个价钱想为难一下他。经过杜十娘的讨价还价，这个数字从一千两银子变成三百两。老鸨肯打三折，也是量穷鬼出不起。

看到这一段时，我们很容易替李甲着急：他从哪里能弄到这么一笔钱呢？杜十娘应该有办法吧。以至于完全忘了一个前提，杜十娘和老鸨说这么一番话时，李甲并没有在旁边。你俩说得有来有去的，有没有问问本主儿的意见？

等李甲前来，听了杜十娘的转述，果然有些为难，但不敢拒绝。杜十娘叫他去亲戚那里借钱，他明知道亲戚们不会借给他，还是一家家地登门，吃了许多瘪。他没脸回杜十娘那里，就到同学柳遇春的住处借宿。柳遇春听了完全不能相信，杜十娘这样的花魁头牌，身价岂止三百两？他觉得这是老鸨和杜十娘看李甲没钱，联手做局，一个唱白脸、一个唱红脸地捉弄他，不过是想把他撵走罢了。

李甲心中动摇，半信半疑。但这个时候，杜十娘还是比柳遇春对他更有控制力，他依然到处借钱。正在不知如何是好的时候，杜十娘派小厮把他捉了去，听说李甲一无所获，就拿出一百五十两银子给他，说这是自己攒的私房钱，他只要再借一百五十两银子即可。

李甲的惊喜自不待言，更惊奇的还有柳遇春。风尘之中，竟有这样的性情之人，完全颠覆了他的认知。柳遇春一激动，就对李甲说："那一百五十两银子，我去帮你借。"

就这样，两下里凑足了给老鸨的三百两银子。杜十娘和柳遇春都很高兴，李甲却陷入了迷茫中：他往何处去？他家里是有老婆的，他老爸也很严厉，娶一个妓女回家，那场景真是很难想象啊。不回家吧，他又没钱了。好在杜十娘又拿出五十两银子来，说他们可以先去旅旅游。李甲暂且宽心，但还是不敢想象未来。这一切，他都没勇气对杜十娘说出来，只是默默地焦虑着。

就在这个节骨眼上，李甲遇上了孙富。孙富觊觎杜十娘的美貌，又窥到李甲的不安，便三言两语说到李甲心坎上，让李甲承认，带杜十娘回家是不智的，也是没有未来的。最后孙富说，他愿意帮李甲的忙，接过杜十娘这个烫手山芋，另外再给他一千两银子。

李甲感激不尽，回去就跟杜十娘说了。杜十娘非常淡定，要李甲赶紧答应人家，并且亲自点数了那一千两身价银子，出现在孙富面前。

小说里写道：她当着李甲和孙富的面，打开了自己随身携带的描金匣子，里面都是抽屉。

她拉开一层抽屉，里面是翠羽明珰，瑶簪宝珥，约值数百金。杜十娘把这些东西扔到水里，围观群众一阵惊呼。

杜十娘又拉开一层抽屉，里面是玉箫、金管、古玉、紫金、玩器等，约值数千金。她又给扔水里了，围观群众发出轰鸣般的惋惜之声。

最后杜十娘拿出一个小盒子，里面是夜明珠、祖母绿、宝石等，无法计价。这时候，李甲才感到后悔，抱着杜十娘大哭，但为时已晚，杜十娘与那百宝箱一起投入大江之中。

如果李甲早就知道杜十娘这么有实力，他还会有压力吗？应该没有。

杜十娘也说了，她想凭着这些财宝打动李甲的父母，但她不想让李甲一开始就知道内情。就像一些富二代，为了得到一份真感情装成穷人。“易得无价宝，难得有情郎”，如果实在没有怎么办，那就假装某个人是。不但自己假装，还要逼着对方假装。那么她就需要选择一个容易控制的人，而李甲貌似就是这样的一个人。

所以她明知李甲借不到钱，还要他去为自己借钱赎身，不过是想借此让他为自己吃点苦头。发现他实在无能为力之后，她就降低考验等级，要他借到一百五十两银子即可。谁想天上掉下个柳遇春来，提前终结了这场考验。

不过我们可以想象，即使没有柳遇春施以援手，杜十娘也有办法完成对李甲的验收。一路上，她不断拿出钱来，却并不向李甲透露底细，不过是因为她并不相信李甲的感情，却认为他是可以控制的，是“找个老实人嫁了吧”里说的那个老实人。

但她所不知道的是，老实人容易被控制不假，他既然容易被你控制，那也就容易被他人控制。当李甲听到孙富的主意，心有所动时，杜十娘就已经失败了。她没法再假装自己遇到良人，心高气傲如她，也只能去死了。真的很难说是李甲误了杜十娘，还是杜十娘误了李甲。这更多的是一个强者与弱者互相伤害的故事。

孔雀东南飞，
愚蠢的男人长啥样

很多人都不能理解，《孔雀东南飞》里，焦仲卿他妈为什么就那么容不下优秀的刘兰芝，有人说是刘兰芝不生育，有人说是他妈太强势，但仔细看原诗，你会发现，主要问题在焦仲卿身上，他这个人，太不会说话，太较真。

焦仲卿是个小吏，夙夜在公，偶尔回家，他老婆和老妈在一个屋檐下，处得就疙疙瘩瘩的，他好容易回来一次，两边都跟他吐槽。

先是他老婆刘兰芝一肚子委屈，自陈："十三能织素，十四学裁衣，十五弹箜篌，十六诵诗书。十七为君妇，心中常苦悲。君既为府吏，守节情不移，贱妾留空房，相见常日稀。鸡鸣入机织，夜夜不得息。三日断五匹，大人故嫌迟。

非为织作迟，君家妇难为！妾不堪驱使，徒留无所施，便可白公姥，及时相遣归。”

这段话有三层意思，第一，我并不是一个不能干的人，打小就有一身才艺，不吃你们一口闲饭；二是我在你们家太辛苦太不容易了，你经常不着家不说，我每天白天黑夜地干活，你妈还嫌弃我；第三层就是爱咋咋，老娘不伺候了，你跟你妈说，放我一条生路。

这当然是气话，焦仲卿也知道这是气话，他不是那种妈宝男，于是立即冲到他妈那里去了，质问他妈：“儿已薄禄相，幸复得此妇，结发同枕席，黄泉共为友。共事二三年，始尔未为久。女行无偏斜，何意致不厚？”

这话啥意思呢？就是，我这么一个屌丝，能娶到这样的老婆就不错了，我们俩感情很好，下定决心过一辈子了。她表现那么好，您干吗老跟她过不去？

如果你儿子跑来跟你喊这么一通你会怎么想？有没有把他送还给中国电信的冲动？更不用说焦仲卿他妈本来就不是善茬，立即勃然大怒：“何乃太区区！此妇无礼节，举动自专由。吾意久怀忿，汝岂得自由！东家有贤女，自名秦罗敷，可怜体无比，阿母为汝求。便可速遣之，遣去慎莫留！”

焦仲卿激化了矛盾，让他妈说出了本来未必一定说出来的话。这个时候，一个聪明男人该怎么办？和稀泥啊！哄哄老妈：您说的都对，她确实有些地方不太好，我来跟她说，您消消气，我肯定是尊重您的意见的，不过也给她一个机会吧。

再到老婆那里糊弄一下：你看在我的面子上，在老妈面前表现得和软些，最后不还是咱俩过一辈子吗？她说啥，你装听不见就是了。

不是我太圆滑，家本来就不是一个是非分明的地方，谁都觉得自己那一套最正确，谁也别想说服谁，在这种情况下，需要的是感情润滑，而不是像焦仲卿这样梗着脖子雪上加霜。

然而，谁让这个人是真耿直呢？他跟他妈就掰扯起来了，他越是坚持，他妈就越是火大，直到下了最后通牒："小子无所畏，何敢助妇语！吾已失恩义，会不相从许！"

你看，是不是他自己点燃了炸药桶？焦仲卿垂头丧气地来到老婆这边，虽是中间人，毫不赚差价，原封不动地把老妈的话倒给了老婆："我自不驱卿，逼迫有阿母。卿但暂还家，吾今且报府。不久当归还，还必相迎取。以此下心意，慎勿违吾语。"

话说到这个份上，像刘兰芝这么有自尊心的人，不走也得走了。临走的时候，还展示了自己的嫁妆，并精心打扮了一番，此情此景，虽然令人肠断，但长痛不如短痛，能够就此收场，也算是一别两宽了。

可是像焦仲卿这种人，不聪明，但很多情，对于刘兰芝，他始终念念不忘，忽然听到刘兰芝要改嫁的消息，立即冲到她家门口。

刘兰芝也不是寡情之人，只是，如她所言："自君别我后，人事不可量。果不如先愿，又非君所详。我有亲父母，逼迫兼弟兄，以我应他人，君还何所望！"

她没有忘记他，但是她抗拒不了现实。焦仲卿再次展现了他的耿直，冷笑道："贺卿得高迁！磐石方且厚，可以卒千年；蒲苇一时纫，便作旦夕间。卿当日胜贵，吾独向黄泉！"

他都说到这个份上，刘兰芝不去死一死似乎也不好。于是乎，她说："同是被逼迫，君尔妾亦然。黄泉下相见，勿违今日言！"

她果然跳水自尽了，焦仲卿也自挂东南枝了。他们两位成为爱情楷模，但是我复盘这过程，总觉得这一步一步都是愚蠢而倔强的焦仲卿造成的。而且，从根本上说，他是自私的，他只在乎自己的感受，无所谓效果，说话做事都是一根筋，居然还是个公务员。这算不算公务员被黑得最惨的一回？

但他依然被视为好男人，因为古往今来，感情事件里，死的都是女人。上一个，似乎是春秋时候的尾生，好不容易有个男人愿意跟女人同生共死，还要啥自行车啊？

罗敷和她
不存在的丈夫

吾友陈小姐在图书馆写稿，看到一个男子，走到她旁边的桌前，对坐在那儿的女人说，我可以坐在你旁边吗？女人抬起头，瞪视了他一会儿，笑了，说，神经。便收拾了书包，跟男人有说有笑地出了门。

无疑，这是一对感情融洽知情识趣的夫妻或恋人，装作陌生，装作初相识，外人或惊讶于那种冒昧，两人之间却有一种诙谐的默契。可能很多伴侣都玩过这种游戏，朱熹认为《陌上桑》里表现的正是这一幕的古代版。

《朱子语类》中说“罗敷即使君之妻，使君即罗敷之夫，其曰‘使君自有妇，罗敷自有夫’，正相戏之辞。又曰‘夫婿从东来，千骑居上头’，观其气象，即使君也。后人亦解错了。须得其辞意，方见好笑处。”

照他的说法，倒是世人太不解风情，将和老婆开玩笑的使君，当成了阶级敌人，将罗敷俏皮的回应当成严词拒绝。弄理学的朱熹，竟然有这么既严肃又活泼的一面，那些为他塑像的人都知道吗？

然而他的这种解法虽然特别，就文本看，还是有些不合理处，若是使君想跟自己老婆开个玩笑，不会还经过手下人这道周折：“使君遣吏往，问是谁家姝？‘秦氏有好女，自名为罗敷。’‘罗敷年几何？’‘二十尚不足，十五颇有余。’”

再爱演的人，怕是也不能要手下做这种配合。朱熹的脑洞开得够清奇，只能说，有一点他是对的，罗敷与使君之间没有那么紧张。罗敷那伶牙俐齿活灵活现的一番“炫夫”，也很难说是“严词”，关于什么叫“严词”，《列女传》里的秋胡老婆可以做个示范。

“秋胡戏妻”的故事，出自于西汉刘向的《列女传》，小标题叫“鲁秋洁妇”。说有个叫秋胡的人，跟老婆结婚五天，就出门奔前程了，五年后，他衣锦还乡，还没到家，看见路边有妇人采桑，秋胡为之惊艳，就下车，拿出金子，上前纠缠她。

这个场景，是不是跟《陌上桑》有点像？但秋胡显然更加粗鄙，使君还有个“宁可共载否”的过渡，秋胡则是直截了当地跟她说：“种地不如遇到丰年，采桑不如遇到国君，我这里有金子，愿意送给夫人。”

女子回应得也很干脆，说：“夫采桑力作，纺绩织纴，以供衣食，奉二亲，养夫子。吾不愿金，所愿卿无有外意，妾亦无淫泆之志，收子之赍与笥金。”

你看她表达得多清晰，首先说明“我是一个自力更生的女人”，其次是“我不想收你的金子”，第三“你自己好自为之吧”。

似乎拒绝他人，就得这样简洁、果断，用词要非常官方，因为像这种暧昧的场景，对方不但要听你所言，还要听你的言外之意，说得太多，太有个性，不能让对方清楚地get到你的意思，没准还会被意会为“嘴里说着不要，身体却很诚实”。即便人家不会错意，不能彻底断了念头也不好呀。

罗敷的回应，明显不符合这个标准，她唱歌似的说上一大堆，倒像心情非常好的样子。虽然是在说“我的夫君更牛逼”，但是，这个牛逼的夫君，却使她的话更可疑了。

她描述的夫君是这样的：“东方千余骑，夫婿居上头。何用识夫婿？白马从骊驹，青丝系马尾，黄金络马头；腰中鹿卢剑，可值千万余。十五府小吏，二十朝大夫，三十侍中郎，四十专城居。为人洁白晰，鬑鬑颇有须。盈盈公府步，冉冉府中趋。坐中数千人，皆言夫婿殊。”

听上去足以碾压使君，可是她要是有个这么牛的夫君，怎么还会跑到桑林里来采桑？当然，过去皇帝皇后为了“劝农”，有时也会装模作样地耕两下地织两下布什么的，上行下效，保不齐罗敷也是来陪夫君作秀的，可要是这么个情况，那得多大阵仗，使君又没有瞎，不至于搞不清楚状况。

早有明眼人指出，罗敷所言的夫君，其实是她养的蚕。“何用识夫婿？白马从骊驹”，黑色的蚁蚕与变白的幼蚕错杂，“青丝系马尾，黄金络马头”，指的是蚕头上的斑点与尾部的突起，最明显的还是“十五府小吏，二十朝大夫，三十侍中郎，四十专城居。为人洁白晰，鬑鬑颇有须。盈盈公府步，冉冉府中趋。坐中数千人，皆言夫婿殊”，说尽了一条蚕一生的形态。

如果罗敷所言的“夫君”真是一条蚕，那就太像个玩笑了，而使君起码也知道她不是在正正经经地说话。这就跟秋胡老婆的“严词”有了根本的区别，甚至，还有点卖弄风情的意思，朱熹大概无法接受这一点，只好想象罗敷口齿间的风情，只因使君就是她的夫君。

然而，遇到其他男人的示好或者撩拨，只能像秋胡老婆那般严肃吗？卫道士们说只能这样，最好还能再激烈一点，比如古书里还表彰过愤而毁自己容的女人，认为她们更加坚贞。

这什么仇什么怨啊？非得逼着人家戕害自己。但卫道士却是自有一种大局观，我们回过头看“秋胡戏妻”的故事，就会发现，作者并不满足于自讲述一个“路边的野花不要采”的故事。

秋胡老婆“严词”拒绝之后，回到家，听说夫君远行归来，上前相见，却发现，此人正是在桑林里拿金子给自己的男子，顿时羞愤交加。她沉痛地说：“今也乃悦路旁妇人，下子之装，以金予之，是忘母也。忘母不孝，好色淫泆，是污行也，污行不义。夫事亲不孝，则事君不忠。处家不义，则治官不理。孝义并亡，必不遂矣。妾不忍见，子改娶矣，妾亦不嫁。”遂去而东走，投河而死。

你看，秋胡老婆责怪秋胡，是从不忠不孝的角度，她觉得这种好色之人，处家不义，则治官不理，孝义并亡，不知道会落什么下场，她不忍心看到这个结局，又不能背叛丈夫，干脆，跳河自杀了。

秋胡老婆深谋远虑地看出，一个妄图搞“不正当性关系”的男人，会给自己、给家庭、给国家带来怎样的灾难，固然令人肃然起敬，但这种“齐家治国平天下”的思路是不是太主流了。分明是作者想要防患于未然，要求一个女人也尽可能地严厉、激烈，绝不假男人以辞色。

“秋胡戏妻”是很典型的主流叙事，在这个故事里，每个人都定位精准，形象清晰，黑白分明，没有灰色地带，最后顺理成章地引入一番训诫。

《陌上桑》的罗敷可没打算这么坚壁清野。如果我们不先入为主地去看这故事，会发现，这首诗的调调，更像周星驰里的某些电影，搞笑、无厘头，却更加接近于人性。

一开始就很喜感，先说罗敷打扮得多么精致、漂亮：“青丝为笼系，桂枝为笼钩。头上倭堕髻，耳中明月珠。缃绮为下裙，紫绮为上襦。”手里提的，身上穿的，头上戴的，都是有高度审美的物件，真是武装到牙齿。

打扮得这么美，是要去走红毯吗？不，她要去采桑，和《花样年华》里张曼玉下楼买个云吞面也要盛装而行一样，罗敷也是一个任何时候都要美美的女人，不得不说，她真是文学史上最性感最有现代意识的女人。

她果然非常吸睛：“行者见罗敷，下担捋髭须。少年见罗敷，脱帽著帩头。耕者忘其犁，锄者忘其锄。来归相怨怒，但坐观罗敷。”行者捋髭须倒还观看得比较悠然，少年脱帽著帩头，这是在抓耳挠腮了，耕者和锄者看得更加忘我，把生产工具都给弄丢了，还只能互相埋怨。

有趣的是，诗里面说的都是异性，不知道同时观瞻到的同性又作何想。罗敷这般招蜂引蝶，若放在卫道士的话语体系里，只怕要被归为“妖艳贱货”一类。

然后使君出场，“使君从南来，五马立踟蹰。使君遣吏往，问是谁家姝？”说句三观不正的话，看这首诗许多年，对于这位使君，倒也不怎么反感。他也是男人，会像行者、少年、耕者、锄者一样心旌摇荡，所不同在于，他地位更高，勇气就更足。

他没像秋胡那样，一来就说“你采桑能挣几个钱，不如跟了我，我有金子”，一句“宁可共载否”，来得风流不下流，是撩拨，也是试探，但也还是越了界。毕竟萍水相逢，“使君自有妇，罗敷自有夫”不说，这口气里，还有一点点若隐若现的笃定。

这是一个自信的男人，因为自信而冒昧，同时，也因为冒昧，而比那些始终站在界限之外的行者、少年、锄者、耕者更“man”。适度的冒犯，对于女人也是一种恭维，她寂寞的稳定与平衡被打破，在这种复杂的情境里，我们且看罗敷将做出怎样的回应。

她是一个不但美丽而且骄傲的女人，当然不可能与他同乘，她同时也是一个性感、有趣、解风情的女人，不会认为使君的冒犯就是自己的奇耻大辱。只是，他自信得过了头，以为自己随随便便就会上他的车，这种自信必须打击，她灵机一动，借蚕说事，描述出一个不存在的丈夫。

使君未尝不知道她所言盖出于虚构，但是他也应当明白，她以这虚构来表达“你并没有什么了不起”，道德、风情集于一体。不知道使君如何回应，也许只能垂头丧气地一走了之。但是他应该永远都忘不了这个女人，她的美，她的骄傲，她的聪明，她的弹性，合成她摇曳生姿的骨子里的性感。

至于罗敷呢，她也许只是嫣然一笑，继续她美美的人生，怡然地享受各种欣赏。在遥远的古代，她就知道如何以自己的美和聪慧来取悦自己，真是个了不起的姑娘。当然，也许会有人指责这类女子无缘无故地要在自家男人心里占寸方之地，事实上，谁也不可能占领自己伴侣心中每一个领域，而罗敷，终究还是一个有底线的姑娘。

桑间濮上的艳遇，在古代传说里，是一个很经典的母题，男人和女人，总是在桑间濮上相遇。但“秋胡戏妻”更像一个官方通报，既粗鄙又严厉，隐隐带着威慑力，《陌上桑》里却是一派神采飞扬，欢乐无比，让你看到美，看到心动，看到男女间的对峙，更看到生命的活力。

据说，这一类故事还有第三种写法，比如禹和他的妻子涂山氏女娇也是相遇于桑林，一见倾心，结为夫妻。后来呢？禹成了爱岗敬业的楷模，为治水，三过家门而不入，女娇也只能去做一个贤淑的妻子，静默地接受一切，最后被后世表彰。

三种叙事背后，是不同的三观，在同一母题下，做出各自的延伸。

红拂，爱不爱的，没那么重要

电影《妖猫传》里，白居易和和尚空海上穷碧落下黄泉，只为寻觅一个真相：杨玉环是否被唐玄宗所爱。他们觉得这是天大的事。最后真相被揭示，虚伪的唐玄宗最爱他自己，但杨玉环被少年白龙所痴爱，白居易和空海放下心来，非常地愉悦和满足。

杨玉环是否被爱真的那么重要吗？当然啦。历来有个三观不正但是大家都心照不宣的认知：女人的性魅力，决定着她的核心价值。若没有“后宫佳丽三千人，三千宠爱于一身”的传说，杨玉环在历代美人中的排名，可能不会那么靠前。

这当然有点悲哀，好在历史上终究有些不一样的人，比如红拂。虽然她的故事历来也被当成爱情传奇，但仔细看那叙述，故事里凸显的更多的是野心而不是爱情，最起码，被爱从来不是她的原始资本。

红拂是隋朝司空杨素的家妓。杨素是隋朝开国功臣，也曾轰轰烈烈地建功立业，但老迈之后难免昏庸，他的姬妾看他不行了，纷纷另寻出路，杨素也并不怎么追，也许他对自己的处境心中有数，他宁可装聋作哑，维持着这虚假的繁华。

红拂却依然坚守岗位，倒不是她格外忠贞，而是自主创业首先要选择一个好的合作伙伴。那么她能到哪里寻找人才呢？相形之下，杨素身边也许是发现人才最好的平台。

她果然等到了那个人，白衣李靖，来到长安拜访杨素。这家伙初出茅庐，到处兜售自己的见识，他也确实有两下子，连杨素听了他的高谈阔论之后，都为之一震，末了收下他的策书，预备合作的样子。

却被红拂截了胡。当李靖纵横捭阖，滔滔不绝时，红拂是另外一个津津有味的听众。她甚至比杨素更有诚意，当李靖表述完毕，走出杨家的大门，红拂使唤看门的，追上前去，跟他索要地址。

李靖诚实地告诉了那个人，可能心里还挺高兴的，以为是杨素叫人来问的。他不比那个眼波乱飞的司马相如，能够当着卓文君她爸的面，对卓文君传情达意，李靖当时主要是奔着大好前途，红拂都不见得引起他的注意。

这就是红拂的不凡之处，没有铺垫，没有眉来眼去，零基础的情况下，她都能做出决定。她当晚就收拾了细软，紫衣白帽地穿过隋末长安深夜的街巷，于五更天来到李靖下榻的客栈，轻叩窗棂。

还未完全清醒的李靖被这不速之客惊住了，她对他说，我要跟你走。

李靖当然很害怕，也很犹豫，他原本是来投奔杨素的，做了许多心理建设，穿越层层关卡，貌似已经被接受，他突然带着杨素的女人，跑了，听上去，是不是有点无厘头?

历来女追男隔层纱，都是在男方并没有更好选择的情况下，当一个男人觉得前途正在展开，十有八九不打算上演不爱江山爱美人的传奇。

但红拂并不以美人姿态自居，她是以一个合作者的身份前来的，当对方的合作意愿没有那么强烈，她要做的是说服对方。

她首先给他充分的肯定，说，我侍候杨公许多年，阅人多矣，从未见过有人像阁下这般英雄。“丝萝非独生，愿托乔木，故来奔耳。”

然后又毫不客气地鄙视了杨素，说他基本就是个活死人，不足以放在眼里。

李靖很难不被打动。作为新人，野心与不自信在他心中一刻不停地翻滚，他太需要一个权威人士对他进行测评，突然出现的红拂，恰到好处地扮演了这个角色。

何况红拂说得那么专业，那么有理有据，最重要的是她放弃杨素投奔他李靖，难道不是最好的证明？他没法推开她。李靖回头打量红拂，注意到她“肌肤仪状、言词气性，真天人也”。虽然说此刻李靖仍然逃不开男人先看脸的通病，但他能够注意到她的“言词气性”，已经超越了通常的男性凝视。

两人就此远走高飞，钱锺书在《围城》里说，要想看一个人是否适宜结婚，应该先结伴旅行，舟车仆仆以后，双方还没有彼此看破，彼此厌恶，就不大可能离婚。李靖与红拂的旅程则更为艰难，那时女人很少出现在路上，像红拂这样的美貌女子就更加惹眼，当她站在窗前梳头，就引来一个大胡子男人毫无顾忌的观望。

这个男人于清晨抵达灵石客栈，骑着一头小毛驴，一进客栈就把包裹丢在地上，自己抓个枕头躺了下来，眼睛眨也不眨地看着红拂梳头——估计他们住的是大通铺，所以没有任何私密性。

李靖当时正在刷马，一回头见那个男人看自己的女人看得目不转睛，当然就怒了。台词是现成的：“你瞅啥？”“瞅了咋的！”“再瞅一下试试？！”“试试就试试！”然后就该是一团混乱了吧。

如果这个场景真的发生，红拂也许迅速能成为当时的传奇，“让两个男人为她拼命的女人”，草根版的中国海伦。但红拂不会想要这种虚荣，伟大事业怎能被这种细琐小事终结。

她巧妙地对李靖做了个暗示，让他少安毋躁，一边迅速梳好头发，转身问大胡子男人贵姓。

男人有点猝不及防，回答姓张，红拂立即躬身下拜，说，我也姓张，那您就是大哥了。

她都把人家的身段抬上去了，人家也不好意思下来啊，再说那大胡子男人也许本来就是随便瞅瞅，现在多个这么聪明漂亮的妹妹也不是坏事，也就认了。

红拂又很开心地叫李靖过来拜见三哥，三个人高高兴兴地坐下来喝酒吃饭，两个雄性动物的敌意烟消云散，他们开始畅谈国家大事。

红拂以她的智慧征服了这个后来被称为虬髯客的大胡

子男人，他离开中原之前，留给他们夫妇一大笔钱，之后李靖辅佐李世民，又出人又出钱，立下显赫功勋，被封为卫国公，红拂当然也跟着夫贵妻荣。

但是这份荣耀，是她该得的，当年在长安，如果不是她指出杨素的不足倚靠，帮助李靖及时扭转方向，李靖必然要走许多弯路。后来遇到虬髯客，如果不是她丢开小女人的矫情与浮夸，李靖别说得到赞助，没准都要丢了命。

当然也许有人觉得他俩的婚姻，更像是政治婚姻，为了共同的目标而结盟。可是，谁说这种伟大的志同道合，就不如荷尔蒙刺激出的一见钟情？就像，谁能说，一个女人的性魅力，就天然优于她的清醒理性？历史上纠缠于爱与被爱的传奇很多，像红拂这样，想要自我成就并且去那么做的，却寥若晨星。

两个字看
李清照婚姻真相

有很多年，我对李清照颇感隔阂，她的人生太优越而文辞太……顺滑，像一盏晶莹薄脆的玉碗，让人退三步欣赏，而没法时常捧在手上，于一蔬一饭间生出恋恋的情意。

当时李清照改嫁的事儿还没有众所周知，我单知道她和赵明诚的这段婚姻里，既有“赌书泼茶”的风雅，也有“怕郎猜道，奴面不如花面好”的娇嗲，虽然最后赵明诚先她而去，留她在乱世里颠沛流离，但也是那大时代里普遍的命运，国家不兴诗家幸，这铸就了她笔底的苍凉之色，她的不幸能够得到补偿。

要到很久之后，我才知道我有多无知，这也不能怪我，我少年时候能看到的读物，作者大多习惯于为尊者讳。他们不会告诉你，李清照这辈子也挺糟心，甚至，可能比大多数女人更糟心。

不只是她改嫁人渣张汝舟这事儿，她和赵明诚所谓“佳话”，也没有被人描画出的那种光鲜。

一开始倒也是天作之合，吏部侍郎的儿子、太学生赵明诚，娶了礼部员外郎李格非家的小姐李清照，但不能算那时代高富帅和白富美的联姻，李清照说“赵、李族寒，素贫俭”。

赵明诚疑似月光族，每月初一和十五，他都要把衣服拿去当掉，换五百钱，去相国寺购买碑文和吃食。无伤大雅的匮乏自有乐趣，许多年之后，李清照回忆两人共赏碑文的日子，说“自谓葛天氏之民也”。

但这快乐很快被终结，李格非被打成元祐党人，亲家赵挺之倒是平安无事，因为他们属于不同党派。据说李清照求公公帮忙，遭到拒绝，她因此写下“炙手可热心可寒”的句子。我对这句诗总有些存疑，按说李清照情商不该这么低，况且，他们家碰上的那事儿，也不是赵挺之就能摆平的。

不久，朝廷清理党人子孙，连李清照都无法在京城待下去了，回到原籍山东明水投奔娘家人。

李清照和赵明诚团聚，在两年之后，党禁之争解除，但政治风云变幻莫测。很快，轮到赵家倒霉，赵挺之落马，李清照和赵家人去了赵家的原籍青州。

几番辗转，未曾影响李清照和赵明诚的感情，李清照的不离不弃也许因为古代女子嫁鸡随鸡，而赵明诚在李家倒霉那两年，对李清照一如既往，透着一个仗义。不过，看了李清照的《金石录后序》，我却产生了一个阴险的怀疑，我怀疑赵明诚如此淡定，也许因为他心思就不在这些事儿上。

他的所爱是什么？是那些书、画和彝、鼎之类啊。

在《金石录后序》里，李清照讲了这样一个细节，说他们家的书，不但藏在书库里，还要上锁，拿出来看必须登记，若是不小心弄脏了一点，必须赶紧揩净，赵明诚对这些书紧张之极。

李清照不耐烦，“始谋食去重肉，衣去重采，首无明珠、翠羽之饰，室无涂金、刺绣之具。遇书史百家，字不刓缺，本不讹谬者，辄市之，储作副本。”

赵明诚觉得书是用来藏的，李清照却认为，书是用来看的，她节衣缩食，买来普通版本，追求的是与古人的心心相印，而书不过是个载体。

用现在的说法是，李清照是以人为本，赵明诚正好相反。在《金石录后序》里，还有个更极端的例子，靖康之变后，李清照和赵明诚一度打算卜居赣水上，他们路过安徽贵池时，赵明诚收到朝廷的任命，要他去湖州做知州，先要赶赴建康上殿朝见，赵明诚一个人去，李清照暂留贵池。

赵明诚非常高兴，李清照以文学高手特有的刻薄描述了他当时的形象："葛衣岸巾，精神如虎，目光灿烂射人，望舟中告别。"

她心情坏透了，他们本来商量好了找个地方躲这乱世，现在丈夫兴高采烈地要去当官，把她一个人丢在这陌生的时刻可能发生战争的地方。

如果她是董小宛，也许还要歌颂丈夫为国为家不以女色为重的伟大，"君堂上膝下，有百倍重于我者，乃以我牵君之臆，非徒无益，而又害之……"但她是李清照，出身名门，才华横溢，一路被肯定中，自我意识早已被唤醒，她不觉得自己微末如草芥。

于是，她又写到，她问赵明诚，万一形势紧急怎么办，"（赵明诚）戟手遥应曰：'必不得已，先弃辎重，次衣被，次书册卷轴，次古器，独所谓宗器者，可自负抱，与身俱存亡，勿忘之。'遂驰马去。"

我对赵明诚马上"戟手"这个动作颇感兴趣，百度汉语里解释为：伸出食指和中指指人，以其似戟，故云。常用以形容愤怒或勇武之状。语出《左传·哀公二十五年》："褚师出，公戟其手，曰：‘必断而足。’”

我模拟了很多回，很戏剧化的一个手势，那么赵明诚是在生气吗？有人说赵明诚这里是在呵斥李清照啰唆，但是若解释为“奋勇”，是不是更讽刺？

赵明诚即将赴任，意气风发，以这样一个不无戏剧化的手势给李清照发出指令，要她与自己家族祭祀用的宗器共存亡，然后驰马而去，真是戏精本精。

李清照则冷眼旁观，呵呵无语，“戟手”的描画犀利之极，透露出来他们婚姻真相，差不多可以借一句歌词来表达：“演戏的人假正经，看戏的人最无情。”

更可悲的是，赵明诚急火流星地赶到皇帝驻跸的建康就病倒了，李清照得信赶来，赵明诚已经病入膏肓，去世前写了首诗，“绝笔而终，殊无分香卖履之意”。

曹操临去世前，对他的妻妾们做出分香卖履之安排，后人以此取笑这位枭雄的婆婆妈妈。不知道赵明诚绝笔诗写的什么，是“家祭无忘告乃翁”的大情怀吗？反正没有对李清照做出安排，按说李清照不应该有意见，那时“正常”的男人都应该先国后家，曹操都算是晚节不保。

可自恃“学诗谩有惊人句”，连天帝都要“殷勤问我归何处”的李清照却要一个交代，“殊无分香卖履之意”是苍凉的一笑，话外之音也许是甄嬛的那句哭喊："这些年的情爱与时光，终究是错付了。"

相对于这种空心，之前赵明诚纳妾倒不算什么大事，之后张汝舟的骗婚也不算什么大事。直到李清照到五十二岁那年，经历了各种困厄苦痛，她仍然记得那些细节，他的目光、手势、语调，他对自己的无视。五十二岁的李清照翻开《金石录》，如见故人，她还想跟他辩一辩。

她说起当年赵明诚对这些身外之物的珍重，又说萧绎江陵陷没，不去惋惜国亡，先去毁裂书画，杨广江都倾覆，不悲身死，变成鬼也要把图书取回来，事实上，这世上哪有什么东西会永远归属于哪个人呢?

她好像在跟九泉之下的赵明诚掰扯三观，如何面对物质与人生，但我觉得，她最想对赵明诚说的那句话是：你那样对我，是不对的。

世间有多少传奇，经不起再三推敲，有些当事人宁可缄默，乃至于自欺欺人地推波助澜，想给平凡人生添上一些色彩。可是优秀的写作者总不能忍住不发声，宁可玉碎，甘愿瓦全，以其粗粝的质地，让这一生可触可感，一篇《金石录》，犹如一把钥匙，在那字句里，也许你才能读懂一个真实的李清照。

柳如是，
她不是寂静女子

明末清初文人冒辟疆的一篇《影梅庵忆语》，使得他和董小宛的情事广为流传，然而在这故事里，董小宛美丽、温柔、忠诚、能干，打不还手骂不还口……一切美好秉性全与冒辟疆相关，她就像一颗小卫星，只围绕着冒辟疆转，与男人无关的地方，寂哑如同暗夜。

冒辟疆对此高度表扬，那连篇累牍其实可以概括为聂鲁达的一句诗："喜欢你是寂静的，仿佛你消失了一样。"寂静，在中国文人眼中，是女人应有的美德。寂静者，是内敛的、自我压缩的、低自尊的、挥之即去招之即来的，他们不喜欢一个女人太有自我。

在这种情况下，柳如是的出现尤显突兀，她不寂静。

假如说，董小宛是用来看的——她第一次出现在冒辟疆眼前时，“面晕浅春，缬眼流视，香姿五色，神韵天然，懒慢不交一语”，不用说话，就能让冒辟疆“惊爱之”，那么柳如是就是听的，她从头到尾，都是通过言说来显示自己的存在。

柳如是是扬州瘦马出身，十来岁时，被卖到江南名妓徐佛家中，这经历当然很不幸，然而柳如是却过出了不同风貌。有次复社领袖张溥来探访徐佛，徐佛不在家，柳如是接待了他，一番高谈阔论，让张溥刮目相看。

十四岁时，柳如是被卖到退休的老宰相周道登家中，聪明伶俐的她，受到老爷子的极度宠爱，可惜好景不长，有人说是柳如是与小厮私通，也有人说是周道登去世，总之，没多久柳如是被逐出周府，流落江湖。

这样的际遇，放在弱者身上，会成为压倒骆驼的最后一根稻草，放在强者身上，则成为华丽转身的可能，柳如是正属于后者。这不是被撵出来了吗？干脆挂出“故相下堂妾”的招牌，说是恶心周家也行，说是给自己打广告也好，反正，她不是个省油的灯。

这种个性，让她别具魅力，同时却也没人敢把她接住。她最著名的情人，是大才子陈子龙，关于这段爱情，颇有些传说，比较著名的一件是，柳如是在名刺上署名“女弟”，让陈子龙大不以为然，以为太过“放诞”。

陈寅恪将此事斥之为胡说，他考据出柳如是和陈子龙实打实地谈过恋爱，但是，这两者并不矛盾啊，陈子龙是可以爱柳如是的风流，但不接受她的放诞的。

柳如是曾为陈子龙写过一篇《男洛神赋》：格日景之轶绎，荡回风之濙远。縡漴然而变匿，意纷讹而鳞衡。望便娟以熠耀，粲黝绮于琉陈。横上下而仄隐，寔澹流之感纯……

看不懂是不是？我也看不懂，但是标题里那种明显的玩赏意味陈子龙怕就很难喜欢，请看看人家董小宛是怎么表扬冒辟疆的：“我入君门整四岁，早夜见君所为，慷慨多风义，毫发见微，不邻薄恶，凡君受过之处，惟余知之亮之，敬君之心，实逾于爱君之身。”完全的五体投地。柳如是将自己放到对等的位置上就是大错。

于是所有男友都变成前男友，直到遇见钱谦益。

钱谦益认识董小宛，其实在柳如是之前。崇祯十三年夏天，冒辟疆寻访董小宛，听说她正陪着钱谦益在黄山白岳一带盘桓，而陈寅恪考证，崇祯十三年的冬天，柳如是才扁舟过访钱谦益的半野塘。

柳如是比董小宛大六岁，可能也没有董小宛美貌，方以智说董小宛“才色为一时之冠”，时人对于柳如是外表的形容却是“为人短小，结束俏丽”，容颜上似乎并无太多可圈可点之处，她更加迷人的是“性机警，饶胆略”。

过访半野塘，柳如是“幅巾弓鞋，著男子服，口便给，神情洒落，有林下风”，用现在的话是“攻”气十足。直男们不能消受的美，却让钱谦益视若珍宝，老房子着了火，他的爱情被最大程度地点燃。

他以正妻之礼迎娶柳如是，这件事向来众说纷纭，但我更注意的是，钱谦益为柳如是筑“我闻室”——“如是我闻”，他愿意听她发声。如果盛世持续，他们也许就这么又幸福又无聊地过下去了，然而乱世来了，乱世才是真正的舞台。

崇祯自杀，南明小朝廷建立，钱谦益做了南明重臣，这位臣子还没坐热，清军南下，钱谦益等三十一名官员跪在风雨中，迎接新主。

钱谦益解释这是为了保全百姓，那么保全之后你可以自杀啊。柳如是就是这么劝钱谦益的，他们俩还真的就这么做了，两人准备投河自尽，钱谦益试了一下水，觉得太冷了，柳如是冷笑一声，决定独自赴死，被钱谦益阻拦。

后来钱谦益在新朝不得意，又一次提出自杀，柳如是冷笑一声，说，已经太晚了。

所以我一直怀疑柳如是当初赴死，未必就是想要殉国，她只是想用人生做一篇轰轰烈烈的文章，而成为烈士，在主流叙事中是万分璀璨的。

不知道是不是这件事让柳如是心灰意懒，在钱谦益赴京做官之后，传出柳如是与人私通的消息，钱谦益的儿子鸣官究惩，被钱谦益大骂一顿，说："国破君亡，士大夫尚不能全节，乃以不能守身责一女子耶？"

他们两个的爱，是风尘知己的爱，超越了举案齐眉的卿卿我我，更多一种歃血为盟的心心相印，以至于钱谦益对于肉体的忠实完全无视，在长久的倾听中，他对于柳如是有更多的懂得。

他并没有看错，后来钱谦益卷入一桩反清复明案中，在某个早晨被捕。"锒铛拖曳，命在漏刻"，当此际是柳如是"冒死从行，慷慨首涂，无剌剌可怜之语，余亦赖以自壮焉"。

柳如是的坚强在危难之际给钱谦益极大的鼓舞，也是靠了柳如是的四处奔走，这个案子不了了之，钱谦益为此作诗曰："恸哭临江无壮子，徙行赴难有贤妻。"这个"贤"，可不是寻常意义上的贤德淑良，而是一种精神意志。钱谦益虽然比柳如是大36岁，但是不可能有人比他更懂她。

"士为知己者死"这句话，被柳如是身体力行，钱谦益去世之后，族人就来算计他的家产，以讨债为名涌上门来。钱孙爱“文弱不振”，不知所措，只好去和柳如是商量。柳如是站出来，说，你们明天晚上再来吧，你们要什么都好商量。

当晚，柳如是夜书讼词，遣人送到府县告难，她自己则一根白绫，吊死在荣木楼上。“府县闻柳夫人死，命捕诸恶少，则皆抱头逃窜不复出。”

柳如是这是殉夫吗？这其实也是一种表达啊，表达她不愿意窝囊委屈地生，宁可利索而隆重地死，她要为自己书写一个漂亮的结尾。

柳如是的一生，都在用各种方式言说。她从来不甘心于被塑造，做他们喜欢的那种寂静女子，她的故事，也因此告别“男性凝视”的窠臼，活出了真我，活出与董小宛这类旧时红颜不同的风采。

杨步伟，又强壮又美丽

很多年之后，张幼仪回忆金岳霖他们撺掇徐志摩和自己离婚的情形，依然不无委屈。

那是在欧洲，她刚刚生完第二个孩子，消失了很久的徐志摩出现了，跟她谈离婚，他带了四个朋友和产妇张幼仪见面，那四个朋友里，张幼仪只认得吴经熊和金岳霖，他们围着徐志摩走来走去，“一副要保护他的样子”。

金岳霖他们确实很可恶，但也没有恶意，他们从落后的中国来到欧美，受到极大冲击，有过之而无不及地想要砸破那个旧世界，免不了先拿婚姻制度开刀。杨步伟也说他们到处挑唆别人离婚，有个名叫罗志希还跑来对杨步伟说，有人看见赵元任和他母亲在街上走。

赵元任就是杨步伟的先生，而且并没有带母亲来欧洲，这话挺扎心，但杨步伟是何许人，不但当场回他“你不要来挑拨，我的岁数，人人知道的”——她比赵元任大三岁，还在许多年后写自传时对罗志希隔空喊话：“至希，你还记得吗？那时真是你们的黄金时代。”

这真是……太强壮了。当我想要总结杨步伟，脑子里首先冒出来的是这个词，而且，我觉得，这是一个完全可以用在女性身上的高级形容词。

杨步伟生于1889年，原本是长房所出，被过继给不育的二叔。生母对她颇多负疚，二叔夫妇也将她视如己出，两家合伙将她惯得无法无天。更难得的是她祖父，对现代佛学大有贡献的杨仁山，不但能很有耐心地跟她讨论民权和婚姻制度，就连分家也要她来拿主意。

杨家的风格着实新锐，我们不妨把她和徽州女子吕碧城做个对比，当杨步伟在家人的“纵容”下，欢脱地花样逞能时，吕碧城却因为太能干，而被未婚夫退婚。

若说是地域差别，我们也可以和再晚一点的张爱玲笔下的白流苏做个对比，这个人物虽然是虚构，但张氏笔下人物大多有所本。

白家是张爱玲最熟悉的那种没落贵族，白流苏最擅长的是“无用之用”：低头，示弱，声称自己没用——记得潘金莲在西门庆面前也有类似的自谦。借用Ayawawa创造的名词就是，她们放大自己的伴侣价值，才能从男性主导的世界谋取最大利益。

在这样的潮流中，杨家纵容女孩子逞能，是不是有点冒险？将来夫家也能这样容她吗？这一点，杨家倒是不怕，因为杨步伟还没出生，就已经被指腹为婚，男方是她姑姑的儿子。即便姑姑对这个未来儿媳妇的野蛮生长，比如不缠足颇有微词，却也不敢跟自己的父亲对抗。

杨步伟倒生出反骨来，二十岁那年，她问祖父：“我的疖子几时可以出了头煞？”她并非对表弟不满，只是这会儿她已经在外面读了几年书，她不想让别人决定自己的人生。

养父则觉得有点对不起表弟，杨步伟并不内疚，说：“一个人要改革一样事，总要有牺牲的才能成功，不幸给他遭到了，我只能对他抱歉就是了，我不愿因此不做。”

养父又问她是否也愿意做出牺牲，终身不嫁，杨步伟回答：“那太可笑了。第一，我不要有条件地改革婚姻制度；第二，他也不见得为着和我退了婚将来就不娶，我何必白贴在里头呢？第三，因为这个缘故，我更应该嫁，才能给这个风俗打破。”

杨步伟不只是强壮，简直是强悍，她对她做的一切如此理直气壮，半点纠结也无。当然，这种强悍也自有根源，虽然生父声称要处死她，祖父却站出来为她撑腰，说："一个人若是总不愿这样事，一定要他做，一生不能好好过的。所以从古以来不知牺牲多少人。婚姻这样事几千年下来流弊不知多少。就照外国半自由也不能说全好。不过如能自由，在精神上总有一时的痛快……"

真是金声玉振，一个老祖父竟然有这般见识！真正的富养不是给她金尊玉贵的优渥生活，不是教她琴棋书画带她周游世界，而是给她自由，让她冒险，跟她一起赌个未来，宁可让自己处于不安中，所以，杨步伟才是真正被富养大的女儿。

一场不大不小的风波之后，杨步伟拿到了她要的自由，她开始像一个人而不只是像一个女人那样去生活，读书，创业，留学。她的官方履历上说她曾任中国第一所女子中学"崇实学校"校长，我倒不觉得能算作她的光荣。当时她并没有显示出过人之处，安徽督军柏文蔚忽然请她去当校长，只怕还是因了她家族的名望。但是后来发生兵变，乱兵攻打学校，二十来岁的杨步伟临危不乱，镇定指挥，确实可以在多少年之后引以为豪。

她又去日本读了几年书，1919年，回国和闺密李贯中办起医院，这一年她31岁，在当时估计要独身了，但忽然，就有一位赵先生荡呀荡地过来了。

一说起赵先生，很容易脑补成《围城》里赵辛楣的样子，不过当时的赵元任，确是一位可以和赵辛楣媲美的青年俊杰。他刚从美国回来，身材高大，总是笑眯眯的，在某个饭局上，他认识了杨步伟和李贯中，从此就经常来她们的住处。

杨步伟认为他看上了李贯中，李贯中也这么想。这种错觉持续了很久，所以后来谜底揭开，这对闺密不可避免地掰了。

按照杨步伟的说法，是李贯中自作多情会错了意，但我看她讲述的细节，赵元任起码一开始并不拒绝李贯中，从美国回来的年轻人，愿意多交几个异性朋友，也无可厚非。然而他终于爱上了杨步伟，我觉得与她的强壮有关。

杨步伟回忆，有一晚他们在房间里聊天，杨步伟一口气说了三个小时。她太健谈了，这也与一般女子不同，我们打小就被教育要安静一点，张爱玲曾说，如果是人家说她听，过后总是愉快的，如果是她说人家听，回想起来总觉得不安。

但是赵元任没让杨步伟不安，他站起来时，对杨步伟说：我真觉得谈得有意思。这几个钟头比我多少时得益都得的多。要是引句俗语，可以说“与君一席谈，胜读十年书”。

安迪·沃霍尔曾说：“我其实不特别喜爱‘美人’。我真正喜欢的是‘健谈者’。对我来说，好的健谈者都很美丽。健谈者实际上是在‘做’一件事。美人是在‘当’一种人。跟在做事情的人在一起要有趣多了。”赵元任大概也是这么想的吧。

之后，他们就结婚了，幸福地过了一生。不过，对于杨步伟这样的女子，好爱情应是额外的馈赠，即使没有遇到赵元任，她也会过得很好。强壮的人，自己就能勃发出无尽的生命力，即便独自终老，也不会萎谢。

她在自传里说，多数女人在乎自己的什么样子，我也在乎。我喜欢有点首饰，我喜欢有一大些好衣服。我拿我那些好看的女儿跟我当年的相貌比起来，我自己还是很得意。我请起客来总要跟张家这上头不同，跟李家那上头不同……可是最要紧的，我就是我，不是别人。

我觉得，她说得非常好。

「〇肆柒—壹肆〇」

水浒群英 ·

心在山东身在吴，
飘蓬江海漫嗟吁。
他时若遂凌云志，
敢笑黄巢不丈夫。

潘金莲为何撩不到武松

（一）

前度见段宏宇老师的一篇奇文《徒手打死老虎，这事儿连常识关都过不了》，说的是武松打虎事件。

这话没错，常人别说打虎，打死一头牛都不易。但小说家言，多有夸张语，武松打虎固然不合常识，鲁智深倒拔垂杨柳岂不更耸人听闻？当然我也知道段老师不是要跟施耐庵老师较这个真，不过是借这个话头，做些果壳网性质的常识普及而已。

普通人是打不了虎的，武松能打虎，说明他不是普通人。打虎是他的出场秀，艳惊四座，见者皆惊为天人。记得高中课本里就选了这一段，还是必背的段落。

当时背得有口无心，许多年后重读，在英雄气概之外，倒读出些悲凉来。武松何以能打虎，要打虎？是因为他不得不如此。他上景阳冈看似偶然，实则缘着前路一步步行来，必然地，要跟那只猛虎狭路相逢——好的写作者不生产人物，只是人性的搬运工。

武松原本清河县人士，酒后与人相争，以为自己打死了人，远遁他乡。后来听说那人没死，就打算回归故里。途经景阳冈，在山下店家一再告诉他山上有老虎，且等明日再过冈，武松的反应却是："你留我在家里歇，莫不半夜三更，要谋我财，害我性命，却把鸟大虫唬吓我？"

这话，一半是玩笑，一半是真心，他未必认为店家要谋财害命，却不信人家对他会有这份好心。等他来到山脚下，"见一大树，刮去了皮，上面写着两行字：'近因景阳冈大虫伤人，但有过往客商，可于巳、午、未三个时辰，结伙成队过冈，请勿自误。'"他仍然认为这是酒家的伎俩，要赚客人在他家留宿。

直到他来到一个破落的山神庙，看见门上贴着官府的印信榜文，才相信山上有虎——到底是更相信政府。他欲待转身再回酒店，又寻思道："我回去时，须吃他耻笑，不是好汉……怕甚么鸟！且只顾上去看怎地！”

这里写出武松的神威没错，却也写出武松高度的戒备与自尊心，他防范人多于防范虎，这也难怪，他之前虽然不曾见过虎，却已经懂得，人性恶于虎。

（二）

关于武松来历，书中未曾交代太多，单知道他曾与哥哥武大相依为命，武大卖炊饼为生，处于社会最底层，又是个侏儒，曾受不少欺负。昔年武松喝多了就跟人打架斗殴，时常吃官司，害得武大随衙听候，但也因此没人敢惹他们。

可是，武松并不是一开始就有这番好身手的，在他长大成人之前，想来武大保护不了他，他对世间真相多一点了解，就对人性多一些悲观。

书中他一出场，便是冷面冷语。当时宋江新投柴进大官人，英雄惜英雄，不免多喝了几杯，宋江起身净手，在走廊尽头，一脚踩在一只铁锨上，铁锨上却有一团炭火，拍在了躲在那里就火的大汉脸上。

这对照颇有意味，当宋江与柴进在暖和的房间里，喝着酒，“各诉胸中朝夕相爱之念”时，武松缩在廊下，就着铁锨里的炭火取暖。他揪住宋江的衣领要打他，庄客忙制止道："这位是大官人最相待的客官。"武松道："'客官'，'客官'，我初来时也是'客官'，也曾'最相待'过，如今却听庄客搬口，便疏慢了我，正是'人无千日好'！"

他道出了世态炎凉。人与人初相见时，稍有投缘，彼此都会产生美好想象，放大那份好感。可惜这好感，经不起世事擦拭，若没有资源加持，很快就露出破绽来。书中说是武松性格暴躁，遭庄客在柴进面前搬口，可是若他有家底，庄客又岂敢说三道四，柴进又岂会因这些闲言碎语，对他冷遇至此？

武松出身寒微，野蛮生长，身长八尺，浑身上下有千百斤力气，算得上一个英雄好汉。只是，任你浑身铁，又能打几根钉？在这世间，纵有一双铁拳，仍然随时都有被暴击被暗算的风险，自尊自负又自知，使他常处于紧绷的状态里，养成了警醒也不无焦躁的个性。

紧绷的他，宁可与老虎死磕，也不愿遭人耻笑，明知山有虎，他也得上景阳冈。

（三）

打虎不但是武松武力的一次展现，也是他内心的一次大爆发，走投无路，孤注一掷，他与老虎之间必有一死，最终是他满身血污地赢了。这是一个暗喻，也是他接下来人生的缩影，他无所依凭，必须赤手空拳地为自己打开一条血路。

只是在他彻底跟生活硬碰硬之前，插入了一段短暂的蜜月期，这是打虎换来的福利。他得到阳谷知县的欣赏，知县要赏他一千贯，他答曰："小人托赖相公的福荫，偶然侥幸，打死了这个大虫，非小人之能，如何敢受用？小人闻知这众猎户，因这个大虫受了相公责罚，何不就把这一千贯散给众人去用？"

这段话大气、厚道、谦虚，还很有分寸，与他在庄客、店家乃至宋江面前的言谈都不同，关键时候，武松还是挺擅长辞令的嘛。知县觉他忠厚仁德，当即任命他为都头。武松跪谢道："若蒙恩相抬举，小人终身受赐。"他停下看望哥哥的脚步，安心地走马上任。

巧的是，武大因为娶了潘金莲，被地痞流氓骚扰，在清河县待不下去，也来这阳谷县谋生。几日后，他们在街上遇见，彼此大为欢喜，武大将武松带回家，兄弟二人各种亲热自不必说，更上心的是武松的嫂子潘金莲，一个劲儿撺掇他搬到家中来住。

我们都知道，潘金莲别有用心，但武松不知道，他觉得这主意不坏，就收拾了行李搬了过来。书中写潘金莲，“如半夜里拾金宝的一般欢喜”。拾金宝是意外之财，还是在半夜里，更显出潘金莲那舍不得与人分享的喜出望外，她很文艺地以为，她嫁给武大，只不过是为了遇到武松：“想不到这段姻缘，却在这里。”

当潘金莲以一种恋爱的心情，对武松浮想联翩时，警醒如武松，居然毫无察觉。也许是他经受风雨太多，很享受在这无序世间终于建立起的这个和谐小世界。这几乎是他一生里的黄金时代，他终于不用那么紧绷，还特意买了彩色缎子，送给潘金莲做衣服。

武松竭心尽力守护这气氛，潘金莲却在想方设法地想要突破它，她想要的不只是这些。

机缘出现在一个下雪的中午——顺便说一句，《水浒传》写四季特别像四季，“智劫生辰纲”非得在那样一个着火般的夏日正午，一场大雪，让林冲夜奔，更显怆然。如果我们的道德那根弦稍稍放松一点，也许会觉得潘金莲选的这个中午，还挺有气氛。

那之前已经下了一天的雪，第二天早晨，武大和武松各自出门，武大要做一天生意，中午，武松戴着毡笠儿踩着乱琼碎玉归来。

潘金莲准备了酒肉，还簇了一盆炭火，虽然称不上“红泥小火炉，绿蚁新醅酒”，但下雪会造成一种隔绝感，世界很远，你很近，外面很冷，眼前的你让我觉得很暖，此刻，我不关心全世界，我只关心你。

雪天、火炉、帘子、热酒、小菜、美人、笑脸……真是很容易将人催眠啊。然而，当潘金莲将一张潋滟的笑脸凑过来，说“你若有心，吃我这半盏儿残酒”时，那温软的时光戛然而止。武松劈手夺过酒杯，泼在地上，骂道：“嫂嫂！休要恁地不知羞耻！”将手一推，差点将潘金莲推倒，还声称：“稍有风吹草动，武二眼里认得是嫂嫂，拳头却不认得是嫂嫂。”

这反应也太激烈了。潘金莲的做法是大有问题，但是换成一般人，不管被什么人表白，心里都会生出一种幻觉，认为是自己魅力巨大，让对方迷失，即便正色拒绝，也会有点感念这“知遇之恩”的。

武松的脑回路不同常人，他马上识别出，这只是潘金莲生性轻浮，她会对自己这样，也会对别人这样，他嗅出了危险的味道，需要立即警告她。他是一个不会产生幻觉的人。

潘金莲的撩拨击碎了武松的安全感。在他心中，哥哥和他是一体的，潘金莲欺负他哥哥，也就欺负了他内心里弱小敏感的那一部分。

这是一，其二，武松经历过长期贫穷困窘的生涯，像他这样骄傲的人，须得给自己找到几个立足点，一身功夫是其一，道德洁癖是其二，他武二纵然不曾发迹，但绝不是那种“猪狗不如”的人，潘金莲这是想什么呢？

第三，我们说了，武松一向活得紧绷，不能容许这个好不容易建立起来的和谐小世界出现缺口。他混迹江湖多年，深知千里之堤，溃于蚁巢，必须严阵以待。疾言厉色教训完了潘金莲还不算，知县安排他出长差，他特意回到哥哥家中，叮嘱武大做好防范，要他每天迟出早归，归来便下了帘子，早闭上门。

（四）

潘金莲有点伤自尊，哭闹了一场，也就算了，看武大每天果然迟出早归，下了帘子关上门，她也就依顺了他，估摸着武大快要回来时，先把帘子下了。

如果不是武松这样提防，而潘金莲又无奈地配合，那挑帘子的竿子，也许就不会不早一步，也不晚一步地打在西门庆的头上，也就没了后面的血雨腥风。

这说明什么呢？说明在一个无序的社会里，不管你怎样紧绷，怎样防范都没有用，没准还适得其反。越是用力，越有可能走向它的反面。这是命运对于武松的一个恶毒的嘲弄。

当武松远行归来，发现哥哥命丧黄泉，嫂子与人勾搭成奸，他首先想到的是走法律渠道，细心搜集证据，寻找证人。此时他好歹是个都头，才在知县面前立了功，按说能跟知县说上话了，可惜，遇到大事，真相才会水落石出，与西门庆带给知县的利益相比，他的分量很有限。

知县把他挡了回去，他瞬时回到起点，什么交情，什么都头，什么打虎英雄的辉煌履历，统统归零，他有的，还是自己那一双赤手空拳。

好在，武松从来都能平静地接受残酷，他立即转过身，准备好纸笔，铺下酒食果品，请来高邻，在他们的见证下杀嫂祭兄，再干掉西门庆，整个过程行云流水，没有一丝泥滞。

他被刺配孟州。长路漫漫，前途茫茫，世间再无亲人，他成了一个囚犯。拟想那光景，当是无尽苍凉，但武松未见异常，相反，在两个押解他的公人面前，他都保持着支配者的姿态，依旧强势，警觉，一刻也不放松。

在十字坡，他一眼就识出孙二娘开的黑店里大有名堂，他佯装不知，戏耍了她，然后与孙二娘夫妇不打不相识地成为朋友。听孙二娘两口子说起曾经杀过无辜之人，也完全无感，在一个丛林社会，弱肉强食天经地义，劫匪与官府，不过是不同的利益群体而已，他见得多了，见怪不怪。

在孟州监狱，他受到施恩精致牢房丰盛牢饭的礼遇时，不相信有无缘无故的善意，他一再要幕后者出场，听到对方是想借他一用，他简直是迫不及待了。

礼遇他的人是施恩，听听这名字，就知道，施恩者，图报也。这位施恩黑白两道通吃，主流身份是官府监狱里的管营，闲来则在快活林里收保护费。

这个快活林，听起来是不是跟“天上人间”有点像？那确实也是个繁华之地，“有百十处大客店，二三十处赌坊兑坊。”施恩自陈：“往常时，小弟一者倚仗随身本事，二者捉着营里有八九十个拼命囚徒，去那里开着一个酒肉店，都分与众店家和赌钱兑坊里。但有过路妓女之人，到那里来时，先要来参见小弟，然后许她去趁食……每朝每日，都有闲钱，月终也有三二百两银子寻觅。”

这么个赚钱买卖，被他的同事张团练觊觎，张团练弄来个诨号“蒋门神”的蒋忠，将施恩痛殴了一顿，占据要塞津，自收保护费。

（五）

就是一起黑吃黑的纷争，跟武松描述这件事的施恩却以受害者自居，他爸老管营说得更为堂皇：“愚男远在快活林中做些买卖，非为贪财好利，实是壮观孟州，增添豪侠气象。”说得他们好像是在搞精神文明建设似的。

怎样描述这件事，对于武松并不重要，重要的是，他一身好功夫再次找到了买家。他帮施恩干翻了蒋门神，夺回了快活林，之后，施恩父亲的上司、孟州御兵马都监张大人也看上了他的威武雄壮，要他做自己的帐前亲随。

武松当即跪下称谢道：“小人是个牢城营内囚徒，若蒙恩相抬举，小人当以执鞭随镫，伏侍恩相。”他仍然很会说话，也许以为这一套自己已经熟门熟路，不过是利用和接受利用，收买和接受收买，还能有什么呢？

起初似乎就是这样。他在张都监那儿混得很不错，有人有事要求着张都监的，就来找武松，武松跟张都监一说，张都监都答应。人家送他些金银、财帛、缎匹之类酬谢，武松买了个柳藤箱子，把那些东西锁在里面。

你看，武松也很懂官场上那一套，知道怎样把张都监的抬举给变现啊。只是，一向警觉的他，忽略了一点，他到底何德何能，让张都监对他如此厚爱？在阳谷县县令那里，他有打虎英雄的光环，在施恩面前，他一时半儿会就能派上用场，在张都监这儿，他寸功未立，怎能就大剌剌地以红人自居了？

说来还是武松内心太希望被收购，他生而赤贫，只有这一身功夫，希望能卖给识货者，提升阶层，出人头地，而张都监，貌似是眼下最具实力的买家，他以为，只要他勤勉谨慎，就能够再次达成一桩两全其美的交易。

他太过一厢情愿了，张都监没那么需要他，他要的是别的。他是张团练的结义兄弟，俩人一道分成都未可知。武松想象中的完美交易，不过是他们联手做的一个局，先把武松赚入府中，再栽赃陷害，最后将他彻底了结。

中秋之夜，张都监邀了武松一道赏月，还要把一个歌姬送他做个妻室，武松欲迎还拒，心内非常领张都监的情。回房后听见有人喊“有贼”，他心道：“都监相公如此爱我，他后堂内有贼，我如何不去救护？”正是这份殷勤，将他引入圈套，他成了被捉拿的贼，张都监疾言厉色又痛心疾首，大骂武松忘恩负义。

武松被收监，被押解，在飞云浦，他干掉了两个想要暗算他的公人，返回张府，血溅鸳鸯楼，杀掉张都监张团练以及蒋门神，乃至丫鬟门房等一共十五口。他撕下死人的衣襟，蘸了血，在粉壁上写：“杀人者，打虎武松也。”这八个字，是快意恩仇，也是借此洗刷被愚弄的耻辱。

（六）

他一路遁逃，在白虎山孔太公庄上与宋江重逢，两人有一番特别交心的对话。宋江邀武松同去小李广花荣府上，武松道：“武松做下的罪犯至重，遇赦不宥，因此发心，只是投二龙山落草避难。”

“遇赦不宥”四个字，何其悲凉，他知道主流社会已经彻底对他关上大门，只有去投奔他先前拒绝过的二龙山了。就算这样，他还是给自己留了一条后路，对宋江说：“天可怜见，异日不死，受了招安，那时却来寻访哥哥未迟。”

一句“天可怜见”更是悲怆，也道出他对被招安的期盼。注意，武松是《水浒传》里第一个提出“招安”的人，他跟宋江说这两个字时，宋江都还没打算落草为寇，落到这个份上，武松仍然没有对主流道路死心，这是不是有点奇怪？

其实并不奇怪，武松不同于李逵，也不同于阮家兄弟，他虽然也曾跟人打架斗殴，但他并不喜欢惹是生非，一定是反抗多于挑衅。他还是规则之内的人，对绿林生涯没有想象力，又自视甚高，他能够想象的前程，就是靠着自己的能耐，依附于某一股势力，获得赏识和提拔。

当年柴进不是他的伯乐，他很不快。后来无论是在清河县知县面前，还是在张都监面前，他的配合度都非常高，动辄跪下，自称小人，称对方为恩相。施恩不过是个小管营，但县官不如“现管”，在他面前，武松也倾尽全力。外表忠直的他，颇善利己之道。

他有混体制的素质，有能力，有眼色，话少，懂得跟人。就是这样一个人，却处处受阻，欲求一容身之地而不得，变成了朝廷重犯、杀人不眨眼的大魔头，实在荒谬。

武松的短板有两点，一是底子薄，他太草根了，不寻是非，也有是非来寻他，这也许是中国人咬牙切齿要做人上人的缘故，否则的话，总有一种伤害让你泪流满面。

其次，是脸皮薄。武松杀起人来不眨眼，心硬如铁，但自尊心太强了，很多东西咽不下去，学不会包羞忍辱，做不了将复仇周期放到十年的君子，更愿意来明的，敞开了干，而混在主流社会，不玩点阴谋诡计，出门都不好意思跟人打招呼。

武松之于主流生涯，是“我本将心向明月，奈何明月照沟渠”，但他始终不抛弃不放弃，等待老天可怜，等待运气回黄转绿，等待他的日子终于到来，像宋江给他画的那个饼：“如得朝廷招安，你可撺掇鲁智深降了，日后但去边上一枪一刀，博得个封妻荫子，久后青史上留得一个好名，也不枉了为人一世……兄弟，你如此英雄，决定做得大事业，可以记心，听愚兄之言。”

（七）

武松是第一个提出招安的人，也是第一个反对招安的人，提出与反对，他面对的对象都是宋江。

第七十一回，梁山一百零八将聚齐，宋江心情大好，要做醮报答天地，超度亡魂，最重要的是“愿朝廷早降恩光，赦免逆天大罪，众当竭力捐躯，尽忠报国，死而后已”，招安的思路显而易见，所谓做醮只怕也是为了凸显这个主题。

随即天降陨石，宋江叫人挖出来一看，是个石碣，上面皆是龙章凤篆蝌蚪之书，人皆不识，解释权在谁手上就很重要了。

有一个何道士，自称家中有密码本，能翻译出来。宋江大喜，让他看了，何道士说，这石碣前后都是梁山好汉的名字，侧首一边是“替天行道”，一边是“忠义两全”，众人都做惊讶、领悟状，呵呵，宋江玩的是套路，诸将拼的是演技。

接着，宋江举办了一个菊花之会，将山上山下的兄弟，不论远近，都召山上赴宴，他也没有发表什么重要讲话，只是作了一首词，叫乐和来唱，最后两句是“日月常悬忠烈胆，风尘障却奸邪目。望天王降诏，早招安，心方足”。这个菊花之会因何而开，想来大家都已经明白。

武松先跳了出来，叫道：“今日也要招安，明日也要招安去。冷了兄弟们的心。”李逵睁圆怪眼，大叫道：“招安，招安，招甚鸟安！”宋江当即要砍了李逵的头，诸将当然要为他求情，宋江当然只能赦免他，他对众人说：“我在江州，醉后误吟了反诗，得他气力来，今日又作《满江红》词，险些坏了他性命。”

这话差不多是威胁了，潜台词是，李逵和我有这般交情，我还要砍了他，你们试试看？他随后又放缓口气，对武松说："兄弟，你也是个晓事的人，我主张招安，要改邪归正，为国家臣子，如何便冷了众人的心？"

武松没有回答，鲁智深为他代言，说："只今满朝文武，多是奸邪，蒙蔽圣听，就比俺的直裰染做皂了，洗杀怎得干净？"

窃以为，这话是两层意思，第一层自然是说朝廷黑暗。第二层怕是在说他们自己，一日为匪，终身是匪，怎能轻易洗白？无论是朝廷方面，还是他们自身的缘故，都无法同乘一条船了。鲁智深说："招安不济事，便拜辞了，明日一个个各去寻趁吧。"

武松的转变不难理解了，他到二龙山落草，与鲁智深与杨志为伍，这两人在体制内都曾有一席之地，一个是延安府老种经略帐前提辖，一个是东京殿帅府制使官，最终还不是跟他一样，以打劫为生？鲁智深也许还会给武松讲起他的好友林冲，八十万禁军教头，本事比武松大，比武松还谨慎，又能忍，却落得家破人亡，自己也险些送了性命。

"一枪一刀，博得个封妻荫子"，这是一个多么天真感人的梦。犹如你遥望远处灯火楼台，荧荧有光，心中羡慕，只有在那里走过一遭的，才知道一样藏污纳垢，朝不保夕。鲁智深与杨志的一路经历，足以为草根武松开悟。

但武松说的没用，鲁智深说的也没用，宋江才是梁山一把手，大权在握，众人即便不以为然，也只能是“皆称谢不已”。

宋江积极运作，走了名妓李师师的后门，打动了宋徽宗，派来了招安代表。梁山好汉成了朝廷可以利用的一支军事力量——这也是他们自己期待的，被招安不是目的，是过程，进入体制内，将一身本领卖与帝王家，成为主流社会的赢家，才是这个貌似桀骜的群体的终极追求。

有什么办法呢？买家太少，皇帝做的是垄断生意，他们并没有太多选择。

他们首先被派去迎战辽国，如天降神兵，将辽军打了个落花流水。又被派到江南战场上征讨方腊，这回就没那么顺利，但见好容易攒齐的一百零八将，像秋叶般纷纷凋零，三言两语间就能死掉好几个，待到他们终于得胜归来，入京朝觐的只有二十七人。

鲁智深没有回来，他在六和塔下的寺庙中坐化了，“听潮而圆，见信而寂”，花和尚自己成全了自己。在坐化之前，宋江邀他进京，以“图个封妻荫子，光耀祖宗，报答父母劬劳之恩”为诱惑，他拒绝了：“洒家心已成灰，不愿为官，只图寻个净了去处，安身立命足矣。”宋江又劝他到京师找个名山大刹，当个僧首，“也光显宗风，亦报答父母”，鲁智深也拒绝了：“都不要，要多也无用。只得个囫囵尸首，便是强了。”这话让宋江听得很不高兴。

武松也没有跟宋江回去，在战斗中他失去一条胳膊，“已成废人”，同样失去的，还有他曾经的进取心，他只愿留在六合寺里了此残生，这个做了许多年假头陀的人，到此真的出了家，后至八十岁而终。

一百零八将里，真正以佛门为归宿的，只有鲁智深与武松两人，鲁智深外表莽撞凶悍，内心却有一种慈悲，他原本就有佛缘，皈依佛门，是理所当然。

武松则不同，他精细敏感，使得他总难免为尘世所扰，被诱惑牵制，这诱惑不是声色犬马的享乐，而是被尊重，被认可，出人头地，如宋江所言，光耀门楣。超越自己的阶层，这也是许多男人的梦。这份心，在乱世中，一寸寸地灰了，作者把他支派到鲁智深身边，也是一种慈悲心，帮他找个能度他的人。

武松的一生，是一个草根英雄的辗转腾挪，他曾倚仗神勇，想与命运达成圆满的合作，却每为造化所弄，心事都成虚。断臂实则大有寓意，是他的一个大决心，卸除了武力之后，他才终于找到自己的落脚点，虽然寂寞了点，但一年年面对那潮涨潮落，知世事如潮，他不再期待什么，做了内心的主人。这，也算是一个完美的收梢。

林冲，一个被体制化的人，在这无序世间

（一）

某友写过一本关于《水浒》的书，内中说有个姑娘放言："嫁人当如林冲。"多年前看到这句话，也觉得有道理，在梁山那些只爱打打杀杀的汉子里，林冲既矫矫不群，又落落寡合，别有一种男性魅力。

许多年后，这句话再度漫上心头，已无当初的共鸣，倒是很想问那姑娘一句："你确定？"只因这些年来，将《水浒传》读了几遍，关于林冲的细节看得仔细，再有就是，对于人世也多了些了解。

现实在那儿摆着呢，林冲的老婆就挺惨。当然，你可

以说施害者主要是高衙内和高俅，可是，林冲又为她做过什么？

先是将她当成壁虎的尾巴一样断掉，任她于孤独无助中自杀，数年之后，高俅攻打梁山，反被梁山人擒获，高俅自己都以为死到临头，宋江却杀牛宰马，亲自持盏擎杯，希望高俅能成为一个好中介，在皇帝面前穿针引线，做成招安这件大事。

说好的“替天行道”呢？国字号第一奸佞就在眼前，这些平日里自称天王老子都不怕的好汉们，倒纷纷低下身段。

别人还罢了，林冲与杨志是被高俅坑得最惨的两个，杨志也罢了，高俅虽然对他不善，却不是他被逼上梁山的直接原因。唯有林冲，家破人亡皆因这恶人，此刻狭路相逢，难道不应该有个了结？

然而，他只是“怒目而视”，目光是杀不死人的；也曾有“欲要发作之色”，但这脸色，也可以解释为“敢怒不敢言”，让高俅片刻胆寒之后，就没了下文。最终，高俅还是怡然地享用盛筵，“大小头领，轮番把盏，殷勤相劝”，不知道这把盏相劝者里，有没有逐渐把自己劝消停了的林冲。

林冲有一种惊人的弹性，不到山穷水尽活不下去，他都可以忍耐。即使他为了生存，冲冠一怒，之后，也能迅速让生活复位，好像什么都没发生。

这样一个人，真的可以拟将身嫁与吗？他武功高强，神勇过人，内心却是软弱的，缺乏对抗力，害怕突如其来的时刻，甚至害怕自己的能量，因为这能量，有可能与他想方设法把自己安妥了的现实冲撞。

（二）

林冲曾是八十万禁军教头，《水浒传》里，提到两个八十万禁军教头，另一个是王进。他们职务相似，都出于武将世家，仇人都是高俅。

只是，林冲在《水浒传》里戏份相当吃重，王进却只亮了几个相，看上去不是凡人，好似将有一番作为，却刚开头就结了尾，无影无踪了，连他的徒弟史进都寻他不着，更不在梁山一百零八将之列。

我理解王进是一条辅助线，为刻画林冲的个性而画下，背景相似度极高的两人，不同的处事风格，更能将两人的个性凸显分明。

且说高俅刚当上东京殿帅府太尉，就以组织纪律性为由拿王进开了刀，王进识出他是当年帮闲的圆社高二，也曾学着使棒，被王进的父亲老王教头一棒打翻，三四个月将息不起。

老王教头这一棒，是一个不留神，还是有意为之，已经不得而知。反正高俅心里是恨上了，如今老王教头已不在，父债子还，他自然要好好收拾王进一番。

王进发现形势不妙，立即决定三十六计走为上，带着老母，骗过看守他们的牌军，晓行夜宿，一路向西，脱离了高俅的控制。

相形之下，林冲就没有王进这份机敏，也没有这种行动力。他爹林提辖倒是没有得罪高俅，他自己却成了高俅的儿子高衙内的眼中钉。

这高衙内是高俅过继来的，不是亲生，胜似亲生，也是一肚子坏水。他在庙里遇见林冲的老婆张氏前来上香，拦住就要调戏，林冲闻讯赶来，将他的肩胛扳过来正要打，认出是高衙内，“先手自软了”，眼睁睁地看着这伙人出庙上马而去。

别人可打，高衙内不可打，打了高衙内就会破坏他生活的稳定性。他对鲁智深这样解释：“林冲本待要痛打那厮一顿，太尉面上须不好看，自古道‘不怕官就怕管’，林冲不合吃着他的请受，权且让他这一次。”

意思是他并不是怕高太尉，只是要给高太尉留面子，毕竟他在人家手下领薪水。

这也说得过，打狗还要看主人嘛，他还可以对自己说，高衙内不知道这是他林冲的老婆。但他能饶过高衙内，高衙内饶不过他，在林冲所谓发小陆谦的设计下，高衙内派人将张氏赚到陆家，正要非礼，林冲再次得信及时赶到，跟高衙内算是正式结仇了。林冲居然依旧没意识到，他的生活里，有什么正在发生。

他在街上偶遇一个看上去很落魄的卖刀人，买下对方自称是祖传的宝刀，很快太尉府的人登门说，太尉要看看他这把刀，林冲脑子都不带转弯的，带着刀就跟人去了。

他被带进白虎堂，商议军机大事的地方，他没有资格擅入，何况还带着刀，这成了他的大罪，即使孔目府尹对他怀有同情，依然被脊杖二十，刺配沧州。

王进远走高飞，林冲落入高俅的陷阱，命运走向已大为不同，接下来他们的路径依然有重合之处。都途经武术爱好者的庄院，都被主人要求展示武艺，整个过程中，王进主动果断，林冲勉为其难。

王进路过的是史进家，看到史进在那里舞棒，便道：“这棒也使得好了，只是有破绽，赢不得真好汉。”书中说王进失口，我看他是存心的，他当时处境窘迫，老母患病，寸步难行，虽然史进的父亲满口答应帮他们医治，王进却清楚，单靠对方的善心，非长久之计。他先激将，再显出真功夫，史进服了他，拜他为师，王进得以暂时容身。

林冲路过的是柴进家，他一点也不想展露身手，柴进家的武师洪教头不知深浅，步步相逼，柴进都看不下去了，再三暗示林冲，这位洪教头资历不深，不用看自己的面子，林冲才肯出手。他打败了洪教头，第一次在读者面前秀了功夫，却也是迫不得已而为之。

王进和林冲的差别，已经可以见得分明，王进伺机而动，林冲稍有容身之地，就能够对自己装聋作哑，这两种不同的性格，自有来由。

（三）

林冲比王进活得更主流。

跟很多梁山好汉一样，王进是个单身汉，家中只有一个老母。林冲不但有老婆，老婆还绝色，丈人也是个教头，当初极有可能是林冲的上司。能被上司或同僚挑中，把掌上明珠嫁给他，林冲自有大可取之处。

当爹的都愿意把闺女嫁给什么样的人？晋朝的郗鉴会选中狂放的王羲之做东床快婿，但更多的亲爹还是愿意把闺女嫁给更妥当的人。

林冲无疑是稳妥的，他专业强，性格好，为人低调，温和靠谱里带着一点点疏离，一看出身就不错，没有讨好生活或是与生活pk过的痕迹。相反，作为被命运厚爱的那种人，他的背景与才华，注定他简单行事就能过得不错，无须考虑跟谁竞争，唯一需要做的，就是避免各种不必要的对抗。

在人际交往上，他不愿耗费太多精力，否则，陆谦人品那么渣，冰冻三尺非一日之寒，林冲与他交往多年，不可能没发现一丝破绽。但对于一个抽离感太强的人，对方为人如何并不重要，机缘凑巧，就能成为多年至交。

他更多的心思，花在专业上，那是他安身立命的根本，也是他钟情之所在，看见鲁智深墙内挥舞禅杖，他就能在墙外情不自禁地叫一声好，鲁智深也因这一声赞，认了他是个知己。这种以欣赏对方才华为基础的友谊，在《水浒传》里，如江清月白，又有一种“相逢意气为君饮，系马高楼垂柳边”的慨然古意。

但他不愿意跟鲁智深说家事，有人指责林冲不够朋友，鲁智深对他那样关心，他也只是随口敷衍，并不交心。可是，“君子之交淡如水”，他欣赏的只是鲁智深的禅杖功夫、江湖豪气，因此就得把这个不知底细的人，当成知心大哥吗？

林冲这一套处世哲学，在有序的生活里，言之成理，无可挑剔，如若生活可以就这么进行下去，这也是一个聪明人的活法，我们都知道，人际交往里，有太多无益的耗损，自我发展才是硬道理。

然而，林冲的问题是，他身处的是个乱世，他不惹事，自有事来惹他，在这种情况下，他一以贯之地推行他的那一套，于人于己到底有多少好处，就很难说。

比如在他被刺配沧州之前，与岳父妻子告别时候，他没有吁天呼地，也没有与妻子执手相看泪眼，反而是很冷静地说，他拟写一封休书，要老丈人将闺女另嫁他人。

对于林冲这一做法，众说纷纭，有人说他负责任，如他自己所言，不愿意耽误了妻子的青春年少，也有人认为他太自私，他的心机与心迹在另外一句话里——“林冲去得心稳，免得高衙内迫害。”匹夫无罪，怀璧其罪，他只有把那玉璧放弃，才能获得安全。

很难评价林冲的这个决定。这世上有两种人，一种是信邪的，一种是不信邪的，当年诸国联军攻打秦军，见秦军来势汹汹，诸国皆作壁上观，唯有项羽不信这个邪，破釜沉舟，拼死一搏，打败了秦军，这就是那种不信邪的人。

但他的对手刘邦韩信团队，是一群信邪的人，懂得包羞忍辱，缓图后来，他们没有项羽式的神勇，却以理性与坚忍，赢得了最终的胜利。

谈不上项羽是贵族刘邦是流氓，项羽有些事儿干的也挺流氓的，只是两种不同的处事方式，项羽更像尼采说的那种超人，有权欲，有胆量，要最大化地体现生命意志，开创新的历史，即使失败了，他也因体现了人类快意与激情的极限，为世人称羡和记取。

林冲不是超人，凡人是他的舒适区，当他的人生突然变成火灾现场，他不会去质问是谁制造了这灾难，而是考虑从灰烬里能不能抢救点什么出来。不被逼到极限，他总要给自己留点后路，他对于那种快意激情缺乏想象力。但他想得这么周全，也并没有被放过。

（四）

在野猪林，押送他的公人说要睡觉，为怕他逃跑，要把他绑起来。林冲很配合，一副非常信得过对方的样子。这是弱者的求生方式：我都这么信任你了，你一定是值得我相信的吧。与其说想催眠对方，不如说是试图安抚自己。

但公人一将他绑起来，就告诉他明年今日就是他的周年祭。林冲泪如雨下求放过，却被那公人董超喝骂："说什么闲话。""闲话"二字用得传神，林冲的那一套，在乱世中，可不就是一句可笑的闲话。

告饶是没有用的，有用的，还是鲁智深的那条禅杖，它从天而降，击飞了公人手中正朝林冲脑袋劈过来的水火棒。

和林冲不同，鲁智深既有菩萨心肠，也有与这菩萨心肠相辅相成的攻击性，他有点像《三体》里的罗辑，知道这世界是一座黑暗森林，必须建立威慑机制。而林冲采取的，却类似于《三体》里的"黑域计划"：把光速降到太阳系的逃逸速度以内，把平凡空间变成黑洞，里面所有物质都不能外出，自然不能对外界造成威胁，以此声明自己没有攻击性，于他人是安全的。

这样的"安全声明"，不过是自欺欺人，林冲差点害死自己，可他死里逃生之后，对两个公人脸色一如往常。到了沧州，凭着柴进的书信与银两，他得到了管营和差拨的照应，在那座离家两千里的小城里，他安安生生地过起日子来。这种姿态，表示他已卸去武装，依旧是他"安全申明"

的一部分。

只是在两千里外，有人忘不了他，比如当时还在苦等他的妻子，比如因为他妻子不肯忘记他而越发将他记在心头的高衙内。那个陆谦，再次被委以重任，长途跋涉来到沧州，与管营差拨在小酒店里细细密密地算计起来。

林冲得到风声，起先也紧张，去买了把解腕尖刀，到街上找了三五日，都没有找到陆谦。他再次地“自心下慢了”。与其说是他掉以轻心，不如说是他不希望出现变故，没有对抗能力的人，总想逃到自己的安全错觉里。

差拨派他去看草料场，他像上次被高俅府人邀请时一样毫无戒心，看到草屋四下里崩坏了，被朔风吹撼，摇振得动，还暗想：“这屋里如何过得一冬？待雪晴了，去城里唤个泥水匠来修理。”再也想不到，他未必有造化在这屋里过上一冬。

他的处境是四面楚歌，内心却是岁月静好，这对比已是繁弦急管，施耐庵偏偏还要再添一场雪，沧州城的这一场雪，因为映照了林冲的绝境和绝处逢生，成为中国文学里关于风雪的最经典的意象。

却说那雪下得正紧，林冲用花枪挑着酒葫芦，去二里外的酒馆里买酒，他喝了热酒，吃了熟牛肉，又灌了一葫芦酒后，回到草屋，发现屋顶已经被大雪压塌了一半。他只得拿了絮被，朝不远处的一处古庙奔去，在庙里，他看见草屋起了火，门外，陆谦和差拨管营，已经提前庆祝胜利了。

火光在远处，仇人在眼前，到此时，再没有退路。他决然拽开庙门，挺着花枪，将三人搠倒，割掉他们的头颅，摆在山神庙的供桌上。再把葫芦里的酒饮尽，带着三分醉意，朝东而去。

水浒诸将，大多以英豪、以凶猛乃至于凶残为经典桥段，唯有林冲，竟以这风雪夜里的大凄厉大无奈的背影定格。他杀的人没有武松多，杀的过程也很简单，我们会一再回味，也许是因为，从他朝着风雪夜奔的背影上，看到了自己，或者，看到了自己的某种可能。

平常人生里，也有这样的兵荒马乱日暮途穷。你过着一份小日子，不求闻达诸侯，也不想快意恩仇，你把自己定义为一个好人，一个简单的人，一个脱离了成天钩心斗角这种低级趣味的人，却不想，有一天，你也会见识生活凌厉的一面。行到水穷处，看不到云，你也无法坐下，眼前就是绝境，你只能回过头，挺枪立马，恶向胆边生，从凡人秒变超人。

然后呢，再以理性赋予的弹性，回到原来的路上，因为，我们只熟悉这样一条路，我们害怕歧途，只想按照前人的路数活下去，无意于开拓历史。

（五）

到这时，林冲已经没有回头路，他杀了三个公务员，这弥天大罪，招来天罗地网，他只有奔向梁山。

关于梁山，每个人都有自己不同的理解。对于李逵，那是一个大碗吃酒肉，大称分金银的快活所在；对宋江，那是他的根据地，跟朝廷谈招安的筹码；对于杨志秦明卢俊义等人，是走投无路之后的后着。但林冲却有一种本事，能将梁山生涯，也活出一种体制内的窝囊感来。

他被王伦排挤，他小心谨慎，像做公务员的时候一样压抑自己。这当然首先因为王伦不是东西，但是换成鲁智深或是武松，有可能作一个这样的受气包吗？说“可怜之人必有可恨之处”有点过分，但有些人，总能让他遇到的几乎所有人，用同样的方式对他。

好在晁盖等人的到来，打破了这局面，王伦像上次拒绝接收林冲一样，拒绝接收晁盖等人。吴用看出林冲和王伦不是一条心，装作要转投别处，如若他们真的这么干，王伦在梁山的势力会更大，林冲以后更难混，林冲再一次走到了那个风雪夜，他与王伦之间，必有你死我活的一战。

林冲到底是林冲，三下五除二做掉了王伦。按说他资格老，能力强，怎么着都该他坐头把交椅，但林冲更愿意朝凡人堆里扎。枪打出头鸟，出头的椽子先烂，老大的福利是作威作福说了算，弊端是会吸引来更多的攻击，林冲不但不当老大，连老二、老三的位置都让出，坐到第四把交椅上，这还是他的“安全申明”。

他更愿意被驱遣，总是所向披靡。他打下祝家庄，刺死高唐州之战的统制官于直，与花荣活捉龚旺，与呼延灼伏击官兵，刺死洳州都监马万里……被招安之后，他跟随宋江南征北战，屡立战功，作为一个战将被使用时，他表现卓越，锐不可当，再艰难的战局，只要他出现，就有了希望。他更像一把强悍的武器，自己无法发力。

林冲是一个被体制化得太彻底的人，这种体制化，不只是指他曾经当过大宋的一名中下层公务员，而是习惯于遵从规则，遵从某种思维定式，即便周围的环境已经完全不同，他执行的，还是旧有的经验。

当初，面对着高衙内那张脸，他“手先自软了”，就注定，他后来面对着跟宋江觥筹交错的高太尉，也只有敢怒不敢言的份。

即使下了山，他还是原来的他，我们光听见他在打仗打仗打胜仗，他的真问题被一再掩盖。但最后的时候还是来了，朝廷派梁山人去征方腊，场场都是恶战，好汉们成拨地死去，一串串阵亡名单令人目不暇接。

梁山上的这些人，打家劫舍，杀人放火，说是替天行道，每每滥杀无辜，不说李逵这样的杀人魔王，就是公益爱好者宋江和成天呵呵笑的吴用，种种狠毒，在历史上也是耸人听闻的。所以他们不拿道德说事儿，引以为傲的是持有暴力。征方腊，终于量出了他们暴力的老底，虽然最后他们赢了，但是那长长的阵亡名单，也足以击垮他们内心的依靠。

林冲活了下来，却染患了风瘫，这比武松断去一条手臂更惨，是他身体的内部机制出了问题。他本来就内心乏力，唯有在武力中找点存在感，到这时，他一无所有，留在钱塘江边的六和寺，由在此处出家的武松照顾他。这两位昔日皆英勇无匹，如今一病一残，于晨钟暮鼓中，日日相对，不知道心中是何感受。半年之后，林冲亡故，一世无言。

金圣叹极赞林冲是上上人物，“看他算得到，熬得住，做得彻，都使人怕”，这个评价里，只有“熬得住”一句是成立的，高俅就不怕他。大仇未报，苟且偷生，怎么称得上算得到，做得彻？金圣叹又说“这般人在世上，定做得事业来，然琢削元气也不少”，这话倒是有点对头，前提是，林冲必须在一个正常的环境里，否则，即便他不遭此大难，也难说能做得事业。

在过去，人们谈起林冲，总是以赞扬为主，豪杰失意，英雄末路，最是让人同情。近些时候，则看到不少文章批判他的保守与自私。

这两种声音，都有极端之处，而所以有如此极端的两种声音，也许正因为，在水浒诸将里，林冲最像个真人，也就是前面说的，像我们自己，他遇到的问题，也是我们会遇到的。

我们会遇到各种攻击，也听到各种道理，有人说“好汉不吃眼前亏”，认怂更能保存实力；有人说“狭路相逢勇者胜”，有血性者，更能占得先机；又有寒山问拾得：“世人有谤我、欺我、辱我、笑我、轻我、贱我、骗我者，如何处置？”拾得曰：“忍他，让他，避他，由他，敬他，不要理他，再过几年你且看他……”

各种说法，不一而足，其实做何选择不重要，重要的是，你是有对抗力的，你的内心是笃定的，你有办法随时反转局面。而林冲没有这种力量，他的柔软，只是出于无措，即使终于铤而走险，也无法真的走向新生。这是林冲的悲剧，也是我们很多人的悲剧，我们逃避自由，依赖秩序，而一旦被秩序抛出，我们就像离水之鱼，即便勉强存活，也艰难于呼吸。

王婆，黑道上的草根族

武松远行办差归来，四十多天不见，哥哥武大已经变成一座灵位。他惊痛过后，明察暗访，知悉实情，一日之内，在阳谷县内行走如风，从紫石街到狮子桥，相继将潘金莲和西门庆的头颅割下，献祭到哥哥灵前。唯独留下了一个牵线搭桥的王婆，把她交给了官府。

王婆多活了几天，但受罪更多：“把这婆子推上木驴，四道长钉，三道绑索……上坐，下抬，破鼓响，碎锣鸣，犯由前引，混棍后催，两把尖刀举，一朵纸花摇，带去东平府市心里吃了一剐。”

“木驴”是专门针对女人的一种刑罚，其残忍，不想在这里复述，大家自行搜索吧。先坐木驴后剐刑，王婆将生而为人能受的不能受的罪都受了。

王婆受此重刑并不奇怪，要不是她撺掇，西门庆和潘金莲这事儿未必能成。但是，我说过施耐庵是个技术派，善恶且放一边，他要把每个桥段都写得漂亮。武松打虎之勇猛，鲁智深拳打镇关西之异彩纷呈，乃至于李逵一口气血洗十五里的穷凶极恶，都被他写到极致。这个老王婆，施耐庵也不肯敷衍塞责，他罕见地把个坏人，写出了坏人的专业性。

王婆是武大的邻居，同住紫石街上，跟潘金莲往来得颇热络，潘金莲不方便出门时，会托她打个酒买个菜什么的。她的来历身世皆无交代，这种空白，与她的分量不匹配，在那场鲜血迸溅的纠葛里，她是最为冷静的一个，西门庆追逐潘金莲，潘金莲欺瞒武大，而她，则将这所有人，都视为猎物。

且说这天西门大官人在街上走，突然挨了一竿子，抬头正要动怒，发现高空抛物的是一个妖娆妇人，他“先自酥了半边，那怒气直钻过爪哇国去了，变作笑吟吟的脸儿”。

潘金莲忙道歉，西门庆说不妨事，开茶坊的王婆，站在自家水帘子底下，含笑接上话茬：“兀谁教大官人打这屋檐下边过，打得正好。”原本有点紧绷的气氛，因了她这一笑，被引入几许风情。

潘金莲取了竿子放下帘子不提，西门庆像个狗似的，在她家窗下转了一圈又一圈。王婆坐在自家茶坊里，笑看他各种颠倒，当西门庆终于踅入茶坊，王婆开始收网了。

西门庆打听这个美人是谁的老婆，王婆答道："她是阎罗大王的妹子，五道将军的女儿，问她怎的？"她不正面回答西门庆的问题，引逗西门庆更加猴急，原本就暧昧的气氛变得更加暧昧。西门庆猜了几回猜不着，王婆才道出是武大郎的老婆。

西门庆大感吃惊。两人却也并不就此朝正题上扯，西门庆要跟王婆结过去的茶钱，又要王婆儿子到自己手下就业。王婆谢过他，西门庆告辞而去，她也淡淡的，并不挽留。

那两天西门庆来回无数趟，早也来，晚也来，他在楼下惦记潘金莲，王婆在屋里惦记着他，暗自思忖："你看我着些蜜糖，抹在鼻子上，只叫他舔不着。那厮会讨县里人便宜，且教他来老娘手里纳些败缺。"

直到西门庆摸出一两银子，王婆才肯切入正题："老身看大官人有些渴，吃个'宽煎叶儿茶如何'？"到此际，神魂颠倒了一两天的西门庆终于不堪煎熬，问王婆如何知晓自己的心事，王婆以遍观风月的淡定答道："有甚么难猜。自古道：'入门休问枯荣事，观着容颜便得知。'老身异样蹊跷作怪的事都猜得着。”

西门庆求她使出手段，这正撞到王婆的强项，她坦白说这茶馆不过是个幌子，她赖以谋生的，是做媒收小说风情。

当然，这媒不是白做的，西门庆虽然有钱，但正如鲁迅笔下的“豆腐西施”所言，越有钱就越抠门。那人家王婆也不怕，魔高一尺，道高一丈，为了防止西门庆过后不认账，她把自己的利益，细致地分布在给西门庆谋划的每一步骤里。

她先要西门庆送她一身寿衣的原料，作为她邀潘金莲来她家里的引子。她准备跟潘金莲说，有个大施主送了她一身送终衣服，她来借尺头，选个好日子请裁缝，若潘金莲主动答应帮她做，就有一分光景了。

你看，不管潘金莲答应不答应，王婆先落了一身送终衣服。《水浒传》里，身后事最能掀起人世波澜。宋江就是给阎婆惜的父亲买了口棺材，与那对母女结缘。后来又是要送王公一副棺材钱，才发现装了晁盖书信的顺袋被遗忘在阎婆惜处。活得烦烦恼恼，却还是将身后事郑重对待，想来也是讽刺。这身寿衣，应当也是王婆的一件大心事，借此机会，把这件事搞定。

潘金莲答应做衣服，只是第一步；若愿意来茶坊做，才有了两分光；人真的来了，这是三分光；潘金莲做衣服的第三天，西门庆也来，潘金莲不躲，这是四分光；西门庆试着跟潘金莲搭话，若潘金莲回应，就有了五分光；王婆去买吃的，让两个人独处，潘金莲不动身，便有了六分光；王婆真的走了，潘金莲还在，这是七分光；王婆买了东西回来，潘金莲肯和西门庆一桌吃，这是八分光；王婆再去买酒，拽上门，潘金莲没有反应，这是九分光；西门庆把筷子拂到地下，去捏潘金莲的脚，她若是没有喊，则十分光齐备。这是王婆制定的“挨光十计”。

西门庆为之叫好，称作：“虽然上不了凌烟阁，端的好计。”他何尝不知道这每一步里王婆都有埋伏，各种消费她来跑腿，其中大有藏掖，但他是生意人，更知道天下没有免费午餐，他又急等着这一口，顾不得算得精细了。

让我们来给王婆算算账，她大致有这些收益：起先那一两银子；后来西门庆又送来五两碎银；一件寿衣原料；西门庆承诺的事成后十两银子。

这些是前期费用，潘金莲与西门庆做成“好事”之后，王婆威胁潘金莲说，她此后得天天来，若是不来，就透风给武大。她倒比当事人还要上心，实际上，不过是追求长期效益，西门庆在她家偷欢，不能不给个场地费。后来郓哥骂她时，也说："不要独自吃呵，也把些汁水与我呷一呷。"

这些细碎银两，让王婆心花怒放，同时铁石心肠，听到武松回来的消息，西门庆和潘金莲慌作一团，唯有王婆，发出一声冷笑，说："我倒不曾见，你是个把舵的，我是个趁船的，我倒不慌，你倒慌了手脚。"

她心中已然呈现一套方案，这套方案虽然不像"捱光十计"那么精致，却更见王婆本色。她不慌不忙地告诉潘金莲，怎样杀掉一个人。

她对潘金莲说："你便把些小意儿贴恋他。他若问你讨药吃时，便把这砒霜调在心疼药里，待他一觉身动，你便把药灌将下去，都不要人听得。预先烧下一锅汤，煮着一条抹布。他若毒药发时，必然七窍内流血，口唇上有牙齿咬的痕迹。他若放了命，便揭起被来，却将煮的抹布一揩，都没了血迹，便入在棺材里，扛出去烧了，有甚么鸟事！"

煮抹布，灌药，七窍流血，牙齿咬过的痕迹，胸中宛然有一幅图景，语气里带着一种经多见广的不耐烦，这熟门熟路，让人无法不怀疑，她曾经亲历过那么一遭。那么，她到底从哪里来？有过怎样的往事？

书中只说她有一个独生儿子，初出场时只是一个普通的老妇，如果不是潘金莲失手砸了西门庆一竿子，她大概永远以这样的寻常面目出现在紫石街上，守着一个茶坊当幌子，和蔼地笑着，干点说媒拉纤三姑六婆的勾当——凭空一想，都觉得毛骨悚然。

《水浒传》里，真是遍地枭雄，十字坡上的酒店，是杀人越货的所在，寻常巷陌里的茶坊，隐藏着不为人知的暗黑。王婆较之孙二娘，更技高一筹，毕竟，在荒郊野岭下手容易，在正常有序的生活里出手很难。

西门庆初听要给武大郎下毒，都道"罪过，罪过"，王婆的果敢征服了他，她参与到潘金莲和西门庆这段孽缘中时，那种步步为营的专业性，则征服了世人。老作家黄永玉，曾画过一幅王婆小像，三观不正地题词曰："王婆聪明，干啥都行。"的确，以她对人性的了解与把握，如若生得其时其地，干哪行，都是人中翘楚。

然而，王婆并没有这个造化，她过人的机警与决断，不怕触犯法律，得罪武松，也不怕下地狱的歹毒，换得的，只是前面所说的微末利益，加起来，最多不过二三十两银子。

《水浒传》里多处写到钱款数额。刘唐在庙里供桌上睡觉，被雷横捉拿了，带到晁盖村里，晁盖知刘唐是个好汉，求雷横放了他，给了他十两银子，而刘唐当时并没有做什么。

宋江和李逵一见面，宋江就送了李逵十两银子；李逵不耐烦歌女演唱打扰他们，一个手指把人家戳昏过去，宋江赔了歌女二十两银子；分手前，宋江又给了李逵五十两银子。一日之内，李逵轻而易举地就得到了六十两银子，宋江花出去的，则有八十两之多。

王进教史进武艺，不过半年，史家送他的谢师费高达一百两银子。

施恩在“快活林”收保护费，自称每个月都有两三百两银子。

卢俊义的管家李固想要害死主人，诬告他已经坐了梁山第二把交椅，向官员蔡福行贿五百两银子，这位蔡福吃了原告吃被告，又从梁山来人那里得到了一千两银子……

跟这些人的收益一比，会不会觉得王婆用力过猛？她那些得意扬扬的计策，获利也太寒碜。但是，没办法，跟上面这些人相比，王婆有个最大的局限，她的资源太单一，太有限。

雷横和蔡福手中有权力；王进的才能，可以兜售给史家这样出手阔绰的人家——哪朝哪代，人们在教育上都是最舍得投资的；李逵那种藏獒式的凶狠与愚忠，正是宋江需要收购的品质。王婆呢，她什么资源也没有，唯一拥有的是头脑，没法大张旗鼓地兜售，只能靠天吃饭，有幸或者说不幸遇上个把有钱人如西门庆，又是悭吝的生意人——这不是我的偏见，是施耐庵老师说的。

有没有资源的差别实在太大，孙二娘杀的人一定比王婆多，杀人之于孙二娘，已经成为一种产业，但她出身好（父亲是劫匪），嫁得好（老公也是劫匪），活在匪窝里，她很安全也很潇洒，不像王婆只能孤军奋战，为了一件寿衣，察言观色，费尽心机，刀尖上舔到一点点血，最终落得千刀万剐。

普通人的社会里，何尝没有类似的差别？我早年刚到这座城市时，房东老太太是山东人，再嫁过来的，能喝酒会抽烟，年过六旬一双眼睛仍然乌黑明亮。她找人来给房子装无油烟灶台，跟那伙计讨价还价，时嗔时笑，瞬息万变，愣是把价钱砍下一成。

在一边看得眼花缭乱的我，暗想，这样一个人，应该出现在更高级的谈判桌上啊。但她的智慧除了砍价，也只是用于指导我“煮绿豆汤先泡上半小时可以省煤气”。我搬走时没能跟她告别，听说她因房产跟丈夫的女儿起了纠纷，再次离婚，不知道又去了哪里。

时运翻云覆雨，让大才流落在民间陋巷，乃至于人性的阴沟里。施耐庵写出了王婆的冷酷心肠、毒辣手段，也写出了她的善窥人意、伶牙俐齿，写出了她的邪恶，也写出了她的惨淡，他将一个恶人写得立体如画，这是他的大慈悲，也是他没立场，不站队，视万物皆为刍狗的大无情。

幸运儿鲁智深和倒霉蛋宋江

（一）

小时候看过一篇童话，叫作《幸运儿和倒霉蛋》，幸运儿干啥都走运，倒霉蛋喝凉水都塞牙缝。要在《水浒传》里找出两位这么捉对，无疑就是鲁智深和宋江，他们干的是差不多的事儿，鲁智深得到福报，宋江惹下事端；鲁智深轻而易举地得道，宋江被他一心效忠的朝廷毒死。

不知道九泉之下，宋江若将自己与鲁智深做个对比，是否会有没处说理的委屈？

鲁智深绰号花和尚，却并非矮脚虎王英那等好色之人，众所周知，他是《水浒传》里难得地爱护女人，尤其是爱护漂亮女人的一位。其他人，要么对美女没概念，要么视美女为祸水，要么欺辱之，鲁智深在其中犹如鹤立鸡群。

其实宋江也救过女人，情节与鲁智深非常相似，只是鲁智深救过的女人，从此脱离厄运，宋江救美，不是最后害了人家，就是被人家所害。

鲁智深救过的第一个女人是金翠莲。她和父母来渭州投亲不着，母亲忽然死了，偏她又被绰号镇关西的郑屠看中，索她做妾。说是出价三千贯，却只让她父亲写了收据，并未兑现，后来金翠莲被郑屠的大老婆撵了出来，郑屠倒叫店主人家看着这对父女还他钱，金氏父女愁苦哭泣，被鲁智深听见。

鲁智深当即给了他们十五两银子做盘缠，让他们回去收拾东西。第二天，鲁智深来到旅店，镇着店家，看金氏父女走远，转身去打死了郑屠。

他逃到雁门县，与金氏父女再度相逢，金翠莲已经是浓妆艳饰，她遇到良人，获得善待，衣食丰足。金老汉说，这一切“皆出于恩人”。

而宋江呢，他遇见阎婆惜时，她跟金翠莲处境极其相似，也是投亲不着，也是死了至亲——她爹死了无法安葬，她妈求到宋江这里，宋江帮她们出了丧葬费。如果这事儿到这里就完结了，阎婆惜只怕也如金翠莲对鲁智深似的，对宋江感激不尽。但宋江经不起阎婆的撺掇，收了阎婆惜做外室，又“于女色上不十分紧要”，把人家撂在那里。

后来的事情我们都知道了，婚内寂寞的阎婆惜跟宋江的同事张三好上了，加上她任性贪婪，逼得宋江杀了她。但是，如果宋江情知自己“只爱学枪使棒”，不可能好好待一个女人，果断拒绝，哪有这一出？换成鲁智深，听到阎婆的主意，没准都勃然大怒了。

鲁智深救下的第二个女人是桃花村刘太公的闺女。桃花村附近有个桃花山，山上有伙强人，头领叫周通，看上了刘太公的女儿，要强娶她做压寨夫人。鲁智深听闻此事，对刘太公自称善于说因缘，能劝周通回心转意，冒充新娘睡在新房里，待那周通来了，抓住就是一顿好打。

后因周通的合伙人之一李忠是鲁智深的故人，周通与鲁智深言和，鲁智深殷殷相劝，口称“周家兄弟”，说：“他只有这一个女儿，养老送终，承祀香火，都在她身上。你若娶了，教他老人家失所，他心里不情愿。依着洒家，把来弃了，别选一个好的。”周通满口答应。

刘太公的闺女最后嫁给谁不得而知，但起码鲁智深帮她圆满地逃过这一劫。

宋江也从山寨土匪手中救过女人，也姓刘，是清风寨刘知寨的老婆。这刘知寨的老婆被好色鬼王英抓住了，欲行非礼，宋江考虑到刘知寨是花荣的同事，又顾虑她“是朝廷命官的恭人”，想要做个人情，要王英放了她。

王英不得已答应了，这女人却非善茬，后来在观灯的人群里发现宋江，告到老公那里，害得宋江、花荣都被官府擒拿，作者写得也真叫讽刺。这故事还埋下伏笔，宋江自认要对王英有个交代，强迫女中豪杰扈三娘嫁给这个好色鬼，成为宋江干的亏心事之一。

（二）

到此时鲁智深与宋江善行之差别已可见得分明，鲁智深无意行善，他临死前写的颂子里，谦虚地说：“平生不修善果，只爱杀人放火”，他只是有恻隐之心，见不得操蛋的事儿。听说金翠莲的遭遇之后，他气得晚饭都没吃，愤愤地睡了。

在那个年代里，女人是弱者，美丽而背景不够强大的女人，尤其是弱者中的弱者，她们总是处于被掠夺被欺辱的危险中，于是，可巧不巧地，成了鲁智深首要救助的对象。

至于他救林冲，纯属兄弟情义，但也不能否定，林冲外表神勇，内心乏力，又有在体制内的拘泥，最容易成为乱世的受害者，鲁智深对这个兄弟，有敬有爱有疼惜。

却有一种阴谋论，说鲁智深暗恋林冲的老婆，连一些很严肃的学者都愿意采用此说，理由是，鲁智深与林冲梁山再见时，对他说："洒家自与教头别后，无日不念阿嫂，近来有信息否？"

乍一看，确实像是那么回事，可是，只要换一种断句法，意思就完全不同："洒家自与教头别后，无日不念，阿嫂近来有信息否？"这就是朋友间正常的关心了。我不知道这些学者们为何要这样厚诬古人，也许他们是出于好心，要给鲁智深过于简单的生活增加一抹桃色？

扯远了，再来说宋江，他忠厚的外表下，实则有一种睚眦必报的凶狠。比如梁山人劫了法场之后，本欲赶紧撤退，宋江却觉得没有杀掉黄文炳，难消他心头"这口无穷之恨"。

晁盖说对方已有防备，再去很是危险。不如先回山寨，以后再来，宋江坚决不干。他们最终抓住了黄文炳，宋江的心腹小弟李逵用尖刀先从黄文炳的腿上割起，拣好的，就在炭火上炙来下酒，割一块，炙一块。"无片时，割了黄文炳，李逵才把刀隔开胸膛，取出心肝，把来与众头领做醒酒汤。”

宋江与杀人魔王李逵如此投缘，也不是无缘无故的。

行善，对于“自幼曾攻经史，长成亦有权谋”的宋江来说，更像是他下的一场大棋，在救助两个女人的过程中，我们都能看到那欲望的藏头露尾。

但是这里又出现一个问题，不管是没心没肺，还是在下棋，救人总是没错的。没心没肺就得福报，想得多点就结恶果，这样不但不科学，也有诛心之嫌。但中国式的道德审美，是要问动机的，动机不对，其他就全不对了，偏偏宋江，又是一个动机先行的人，这种情节设计，暴露了作者的褒贬之心。

救助这两个女人，只是宋江无数乐善好施的光荣事迹的一部分，在他做这些事之前，他“及时雨”的名头就远播江湖，连身在浔阳的李逵，都老惦记着要去找他。

这又有不可解处，《水浒传》里，善待八方宾客的还有柴进卢俊义等人。柴进系大周柴世宗子孙，属豪族贵胄，卢俊义是北京的土豪，都没有宋江这般声名。声名是用钱铺底的，宋江本人不过是个押司，一小吏也，他父亲宋太公“守着些田亩过活”，就算是个大地主，但也支撑不了宋江如此宏大的公益事业啊。

说到底，还是宋江做得更用心，他不但肯花钱，还肯花时间，态度极好：“但有人来投奔他，若高若低，无有不纳，便留在庄上馆谷，终日追陪，并无厌倦。”相形之下，柴进起初善待武松，后来庄客一挑拨，他就逐渐疏淡了武松，简直是始乱终弃。

（三）

“终日追陪，并无厌倦”，还不择人高下，这境界，只有菩萨才能达到吧，但菩萨无心，宋江有心，从他接济李逵的过程就能看出这一点。

他跟李逵第一次见面，就在他身上花了八十两。第一笔十两银子，是李逵强跟店家借钱，宋江听见，自己拿出银子来给他。戴宗阻拦，因这十两银子不算个小数字，宋江跟武松结拜为兄弟，临走时也就送了他十两银子而已。

第二笔二十两银子，是李逵惹下事端，他代李逵赔偿人家，连戴宗都替宋江心疼，宋江只是一笑了之。

最后跟李逵告别时，他又取出五十两一锭的大银子送给李逵。为何宋江对李逵厚爱至此？当初给李逵十两银子时，他说是看李逵是个忠直汉子，到了给那五十两银子时，他已经目光如炬地判断出，李逵会因为他想吃一口鲜鱼汤，跟张顺打作一团，浸得翻白眼，将来必有大用，所以有这大手笔的追加。

我曾说李逵如藏獒，凶狠、易收买、智商低，只忠诚一个主人，这样的人，是值得胸怀大志如宋江者投资的。宋江即将被刽子手行刑时，也正是李逵举着板斧跳下来，将那两个刽子手砍翻。

相形之下，武松更像狼，即便俯首帖耳，还是有一种“养不熟”的气质，更适合结交，给巨额银两，反而尴尬。

鲁智深没有宋江这般手笔，他给过金翠莲十五两银子，给过流放途中的林冲一二十两银子，还给了差点没被他打死的公人三二两银子，也算恩威并施，要他们不要跟林冲为难。

钱虽不多，于鲁智深却是倾囊而出，救济金翠莲时，他身上只有五两银子，居然就跟刚刚见面的史进开口借钱。他觉得扶危济困是天经地义，便是借钱也坦然。史进的师傅李忠摸出二两银子，还被他嫌少，嫌对方不爽利，又丢还了回去。

在捐款这件事上，宋江胜在数字规模，鲁智深胜在自然洒脱。他只管任意而行，没那么多弯弯绕。

宋江弯弯绕多，是因为他惦记的东西太多。当年宋江杀掉阎婆惜，雷横、朱仝带公人去他家抓他爹宋太公，宋太公出示了一纸凭执文帖，说是数年前就告了他忤逆，将他出籍。书中说道："原来故宋时，为官容易，做吏最难……那时做押司的，但犯罪责，轻则刺配军州，重则抄扎家产，结果了残生性命……恐连累父母，教爹娘告了忤逆，出了籍册，各户另居，官给执凭公文存照……"

听起来这个押司做得真是苦逼，宋江何苦来哉？有人说这里面大有油水，但是他早就许下王公一副棺材，还要等晁盖送来金子，才有兑现的可能，不像常有进项。究其原因，只怕还是因为，除了做押司，他也没其他晋升渠道，读书不行，背景一般，可他又那么想上位。

晁盖劫了生辰纲，伤了何观察，又损害了军官人马而被官府通缉，宋江给这个心腹兄弟通风报信，心里并不认同："如此之罪，是灭九族的勾当。虽是被人逼迫，事非得已，于法度上却饶不得。倘有疏失，如之奈何？"他的思维还是体制内的。

杀了阎婆惜之后，他一度逃走，却被父亲骗回家去。宋太公说怕他被人撺掇落草，做了不忠不孝之人。正好朝廷册立皇太子大赦天下，将犯了大罪的尽减一等科断，他死罪可逃，不如还去坐牢，宋江也觉得这是条出路。

他被刺配浔阳，途中路过梁山，晁盖等人邀他落草，他断然拒绝，说："这等不是抬举宋江，明明是苦我……父亲明明教训宋江，小可不争随顺了，便是上逆天理，下违父教，做了不忠不孝的人在世，虽生何益？"

他来到浔阳，在戴宗和李逵的照应下，日子过得不错，但"知我者谓我心忧，不知者谓我何求"，爱因斯坦说："我从来不把安逸和享乐看作是生活的目的本身，这种伦理基础，我叫它猪栏的理想。"宋江同样无意于当一头哪怕是特立独行的猪。

坐牢只是个门槛，他必须跨过这道槛，才有重拾光宗耀祖梦的可能。如今，牢是坐了，梦想却遥遥无期。他想道："我生在山东，长在郓城，学吏出身，结识了多少江湖好汉，虽留得一个虚名，目今三旬之上，名又不成，利又不就，倒被文了双颊，配来在这里！"

心中虽然悲伤，对未来仍有痴念，看到白粉壁上有很多先人题咏，寻思道："何不就书于此？倘若他日身荣，再来经过，重睹一番，以记岁月，想今日之苦。"他用想象中的辉煌未来安慰自己的现在，遂作《西江月》一首：

“自幼曾攻经史，长成亦有权谋，恰如猛虎卧荒丘，潜伏爪牙忍受。不幸刺文双颊，哪堪配在江州！他年若得报冤仇，血染浔阳江口。”

写完意犹未尽，又添了四句诗：“心在山东身在吴，飘蓬江湖谩嗟呼。他年若得凌云志，敢笑黄巢不丈夫。”

这几句诗词，先是志存高远，随后恼羞成怒，另一个小吏黄文炳单看出诗中的反心，却没看出一个心向主流的人被辜负的委屈。黄文炳自以为挑唆蔡九知府杀掉宋江，就能将即将发生的谋反扼杀在萌芽状态，却不知，这种粗暴的工作作风，将一个本来可以拉拢的人推向反面。

等到宋江被抓起来，被判斩首，又被梁山人劫了法场，他对主流的向心力再强，也无法不落草于梁山了。吊诡的是，他本来是为了走主流道路而广结善缘，却没有被官方认可为“郓城好人”，倒是在黑社会中，“及时雨”的名声成为他的核心竞争力。

梁山人看中的是他的善良吗？当然不是。他若真是一个大善人，如何镇得住这鱼龙混杂的群体？他们会为那名声而对他高看一眼，不过是觉得，这是一个尊重他人利益的人，跟着他，有肉吃。

（四）

时运凑巧，晁盖被毒箭射死，宋江成了梁山一把手，但他的志向不仅于此。而且请不要忘了，宋江的爹也在梁山上，宋老爹以前反对宋江落草，价值观那么主流，现在跟他在梁山上，即便享尽尊荣，心中也未必快活。

梁山一把手宋江，仍然在路上，他最终的目的地，还是体制内。他殷勤地招待高俅，认低服小；进京走李师师的门路——梁山人虽然看不起女人，可不敢看不起皇帝的女人；他费尽苦心终于被招安，又接下最苦最累的活儿，打辽军，征方腊，兄弟们成拨地死去，他也曾难过，但心中一团热中之火始终不灭。

在《潘金莲为何撩不到武松》一文里，我曾提到过宋江与鲁智深的一段对话，这里不妨再摘抄一回。

征伐方腊之后，宋江邀请擒拿住方腊的鲁智深进京，“图个封妻荫子，光耀祖宗，报答父母劬劳之恩”，鲁智深拒绝了：“洒家心已成灰，不愿为官，只图寻个净了去处，安身立命足矣。”宋江又劝他到京师找个名山大刹，当个僧首，“也光显宗风，亦报答父母”，鲁智深只道：“都不要，要多也无用。只得个囫囵尸首，便是强了。”

那时梁山一百零八将死去了近四分之三，宋江还梦想着“封妻荫子，光耀祖宗”。这些年来，他付出多少心血，忍受多少惊吓煎熬，搞定多少难缠的下属，就是为了在主流社会里出人头地。

以这样的代价，他换得了“武德大夫”“楚州安抚使兼兵马都总管”的官职，得偿所愿，衣锦还乡。

半载之后，宣和六年首夏初旬，他在楚州任上，朝廷忽赐御酒，他饮下便觉腹痛，知道自己着了道。他叹道：“我自幼学儒，长而通吏，不幸失身于罪人，并不行半点异心之事，今日天子轻信谗佞，赐我药酒，得罪何辜！”

你看，他当土匪上梁山，在他看来都是“失身”，“学儒”“通吏”才是他眼中的正途，绕了这么一大圈，他还没有被他眼中的“正途”接受，不亦悲乎。

然后就在这种时候，他还想到李逵一旦知道，必然再去啃聚山林，“把我等一世清名忠义之事坏了”。

他连夜唤来李逵，在被朝廷毒死前，做了最后一件效忠朝廷之事，把李逵也给毒死了。

宋江这辈子太不容易了，殚思竭虑，如履薄冰，最后依旧万事成空。他心有不甘，托梦给徽宗，徽宗查清实情后，也只是将下毒的高俅、杨　大骂了一顿，追封宋江为“忠烈义济灵应侯”，我不知道，对于这个结局，宋江满意否？

相形之下，鲁智深活得实在太容易，他大碗吃酒，大块吃肉，大踏步地朝前走，管他风动还是幡动，反正他的心不动，该怎么着就怎么着，从未有无谓的内耗。他活得至情至性，离去时，也是一片开阔明净。

在钱塘江边的六和寺里，鲁智深听到潮声，心中突然大悟，记起智真长老付与他的四句偈言：“遇夏而擒，遇腊而执，听潮而圆，见信而寂。”他知道自己的死期已到，便叫僧人烧汤洗浴，他“写了一篇颂子，去法堂上捉把禅椅，当中坐了。焚起一炉好香，放了那张纸在禅床上，自迭起两只脚，左脚搭在右脚，自然天性腾空”。等宋江到来，他已经坐化了。

鲁智深与宋江，是两种不同的活法，鲁智深始终保持真性，从未陷入无明，永远是轻装上阵，无惧也无悔。而宋江是更多人的代表，我执太深，欲望太多，总想迎合或算计命运，却被命运所弄。作者无疑对这类人是不以为然的，但是，我却隐隐也怀疑，在对宋江的刻画里，也有作者的自嘲。

（五）

鲁智深与宋江都是因为女人从公职人员变成通缉犯的，再几经辗转上了梁山，却能相安无事，互相不能影响对方的价值观丝毫，真是人各有命。倒是在许多年后，鲁智深不经意中解脱了一个人，那就是《红楼梦》里的贾宝玉。

当时宝钗过十五岁生日，因是将笄之年，贾母与凤姐都很重视，在家中摆酒搭戏台，比以往给黛玉过生日更为隆重。

黛玉便不自在，宝玉心中有数。偏巧宝钗知道老人喜欢热闹戏文，老点些《西游记》《水浒传》里面的唱段。宝玉作为一个叛逆的年轻人，大概觉得这些老套得跟《北国之春》差不多了，加上为了讨好黛玉，他忍不住奚落宝钗道："只好点这些戏。"

宝钗应对从容，说："你白听了这几年的戏，哪里知道这出戏的好处，排场又好，辞藻又妙。"

宝玉说："我从来怕听这些热闹戏。"宝钗道："要说这一出戏热闹，你还算是不知戏呢……是一套北《点绛唇》，铿锵顿挫，韵律不用说是好的了；只那辞藻中有一支《寄生草》，填得极妙，你何曾知道。"

宝玉大为好奇，求她念来，宝钗随口诵道：

“漫揾英雄泪，相离处士家。谢慈悲剃度在莲台下。没缘法转眼分离乍。赤条条来去无牵挂。哪里讨烟蓑雨笠卷单行？一任俺芒鞋破钵随缘化。”

这支《寄生草》，替宝钗征服了宝玉，他忘了初衷，喜得拍膝画圈，又赞宝钗无书不知。看得黛玉直翻白眼，对他说：“安静看戏罢，还没唱《山门》，你倒《妆疯》了。”

这段唱词，在宝玉心中盘桓良久，后来黛玉、湘云闹矛盾，他在中间斡旋，碰了一鼻子灰。他心中郁郁，袭人劝他随和点：“岂不大家彼此有趣。”宝玉说：“什么是‘大家彼此’！他们有‘大家彼此’，我是‘赤条条来去无牵挂’。”不觉泪下，再细想这句意味，不禁大哭起来，写了一个偈子，又作一首词，其中有这样的句子：

“从前碌碌却因何，到如今，回头试想真无趣！”词里有他的坏情绪，也有少年人故作的一种看破。

为赋新词强说愁的年纪，在“赤条条来去无牵挂”中，只能读出孤单。那时的宝玉如宋江，我执过甚——虽然指向完全不同。他想青春不老，希望永远春暖花开，想要所有女孩子的眼泪，他为此处心积虑，日夜忧心，但想要的那些，却与宋江梦寐以求的那些一样，都难免灰飞烟灭。

要等到繁华凋零，家园弃毁，心爱者死去，在大伤痛中必须寻一条生路时，才能读出超脱，读出不带悲伤的孤独，读出人生原本就是赤条条地来，再赤条条地走，不必，也不能有太多牵挂。

鲁智深与贾宝玉，一个粗犷豪迈，一个诗意栖身，最终，却是鲁智深启悟了贾宝玉。在经历了一场场丧失之后，“赤条条来去无牵挂”一定会成为八十回后救了贾宝玉的那句话。宋江，却至死不悟，这是眼界使然，也是灵性的差异。

执象而求，咫尺千里。廓尔亡言，才得花满春枝。《水浒传》与《红楼梦》的这样一次交会，来得十分别致。

《水浒传》，“兄弟情义”背后的残忍与麻木

（一）

赛珍珠翻译《水浒传》，英译名为《All Men Are Brothers》——“四海之内，皆兄弟也”，这句话出于《论语》。《水浒传》第三回，那个纳了金翠莲做外室的赵员外，也对鲁智深这么说过。

然而，将这句话作为小说的主旨，颇为讽刺，好汉们何曾对世人有这样一种友爱？李逵劫法场，将宋江救下，还是刹不住脚，抡着板斧，一口气只管杀将起来，“不问军官百姓，杀得尸横遍野，血流成渠”。

武松被张都监等人暗算，将张家上下尽皆杀掉，马夫

丫鬟都不放过，还特地“寻着两三个妇女，也都搠死了在房里”，“方才心满意足”。

强者是不会与弱者称兄道弟的，即便是书中最可爱的鲁智深，他的行侠仗义也只因见不得不平事，对当事人未必有什么感情。比如在瓦官寺，他听那几个面黄肌瘦的老和尚说，此庙被一僧一道给占了，他就去寻那僧道厮打，因为肚里没食，又走了长路，打不过人家，落荒而逃。逃跑路上碰到史进，两人吃了饭再杀回，杀掉了那一僧一道。

但那些老和尚们，已经上吊自杀了，他们见鲁智深跑了，唯恐那对僧道来找自己麻烦，干脆一死了之，还有一个被掠来的妇人，也跳井自尽了。

碰上坏人会吃亏，碰上好人干脆阴差阳错地送了命，弱者的命运就是这么不堪，作者冷冷地只说事件，却让人从脊背间生出寒意来。

而鲁智深只管带着史进去寻金银财物，打包背上，再一把火将这寺庙烧了个干净，大踏步地朝前路而去了。

“兄弟之情”也是讲究势均力敌的，比如鲁智深对林冲就各种记挂，但这样的感情在《水浒传》里也还是异数，更多的“兄弟”二字背后，是利益取舍。

书中经常写到，那些好汉们一听宋江的大名，纳头便拜，口称大哥。宋江武艺稀松，谋略寻常，何以有这般江湖地位？不过是“及时雨”的名声在外。

对于最底层的李逵，它意味着有求必应。未跟宋江见面之前，他就曾想着去找宋江，找他做甚，无非是要点钱花，求个生路。而对于柴进、花荣这些中产阶级，他们更看重的是“及时雨”三个字的民间感召力。

生逢乱世，章法全无，即便是老牌贵族如柴进，握有一定权力的花荣，也难保无虞。但风险同时也是际遇，他们仗义疏财，延揽人才，应对未来的变数。在这个理念里，宋江已经领先一步，做出了“及时雨”的品牌，休要小看一个绰号的力量，绰号就是宣传，它比“吃他娘，喝他娘，闯王来了不纳粮”之类口号更加言简意赅，直击人心，三个字，就道出了核心竞争力。

凭着这个招牌，宋江每每逢凶化吉，遇到无数热烈的表白，盛大的宴席，兄友弟恭，热气腾腾，但当局者心中只怕都明白，各自的诉求之所在。当兄弟之情与利益碰撞，前者立即荡然无存，虽然作者尽量写得平淡，但宋江对兄弟下手时，皆是极尽狠辣之能事，主要体现于赚取徐宁、卢俊义、朱仝、秦明等人上梁山时。

（二）

除了李逵这样彻底的流氓无产者，不到万不得已，谁也不愿上梁山，宋江本人，也是宁可坐牢，都不肯完全站到朝廷的对立面去，成为大宋的敌人。但是，等到宋江们上了梁山，就开始琢磨着把别人弄上去，卢俊义们因此进入他们的视野。

徐宁和卢俊义，与梁山原本无瓜葛，只因徐宁擅使钩镰枪法，卢俊义“一生好武艺，棍棒天下无对”，梁山用得着他们，就由不得他们了。

赚徐宁上山比较容易，时迁去偷了他的雁翎锁子甲，一步步将他引诱到梁山上来。

让卢俊义上山则很费了一番周折，卢俊义是北京大名府的员外、大财主，第一等长者，日子过得好好的，只是因为英名在外，被宋江知晓，便要赚他上梁山，卢俊义当然是拒绝的，吴用使下诡计，放风说他投了梁山。官府将他抓去，流放沙门岛，差点没死在半路上，被整得七荤八素的，老婆也没了，只能栖身于梁山。

已经算得残酷，但比起秦明和朱仝的遭遇仍略逊一筹。

秦明原是大宋军官，被宋江他们擒住，劝他入伙梁山，秦明断然拒绝："秦明生是大宋人，死是大宋鬼。朝廷教我做到兵马总管，兼受统制使官职，又不曾亏了秦明，我如何肯做强人，背反朝廷？你众位要杀我时便杀了我，休想我顺随你们。"

梁山人倒也并不强劝，第二天好生送他下山。只是等他来到城外，发现"原来旧有数百人家，却都被火烧做白地，一片瓦砾场上，横七竖八，杀死的男子妇人，不计其数"。

昨夜有强人来此杀人放火，领头者，穿着他的盔甲，骑着他的马匹。慕容知府站在女墙上，大骂他是反贼，并告诉他，他家中老小尽皆被官府杀掉，又叫军士将他妻子的头颅挑在枪上给他看。

不消说，这正是梁山人做的局，官府固然失之于昏聩不察，但梁山滥杀无辜在先。想这一夜有多少颠扑哭喊，多少恐惧与绝望，那些男子、妇人、老人、婴孩，他们可能到死都不知道自己为何遭遇这无妄之灾，数百人家，只因梁山人需要秦明这一个人，就这样不明不白地死于非命。

秦明本人也付出了巨大代价，妻儿尽皆送命，梁山人如何算不到这一步？只是与他们的"小目标"相比，秦明的亲人，以及秦明本人的感情创伤，都不算什么了。

不明就里的秦明跟宋江诉说自己的遭遇，宋江轻描淡写地说：“没了夫人，不妨，小人自当与总管做媒。”他把花荣的妹妹许配了秦明，还陪备了彩礼，似乎这样一来，秦明的损失就完全被抹平了，他们本来就没有把他的感情计算在内。

（三）

他们也同样无视朱仝的感情，尽管相对秦明，他们与朱仝有更深的交情，也有更多的感性认知。

作者浓墨重彩地将朱仝塑造成一个忠厚仁义的形象，他“身长八尺四五，有一部虎须髯，长一尺五寸，面如重枣，目若朗星，似关云长模样，满县人都称他美髯公。”

他为人忠肝义胆，为朋友两肋插刀，放走劫了生辰纲的晁盖和杀了阎婆惜的宋江也许还只能算是举手之劳，甚至还有以权谋私之嫌，后来雷横杀了白秀英，他宁可自己坐牢，也要救下雷横性命。

他因此事被发配到沧州，知府见他“一表非俗，貌如重枣，美髯过腹，先有八分欢喜”，知府四岁的儿子更与他投缘，一见到他，就说：“我只要这胡子抱。”

那是个非常可爱的孩子，“端严美貌”“知府爱惜如金似玉”，幼年贾宝玉大概就是那个样子吧。从此后，朱仝主要职责就是抱这个孩子到街市上玩耍，天真的孩童犹如天使，一定在许多时刻温暖过身处羁縻中的朱仝。

梁山人却盯上了这个小娃娃。七月十五夜，朱仝带小衙内去看河灯，小孩儿打扮得十分周正，穿着一领绿纱衫儿，头上角儿栓两条珠子头须，他活泼泼地等待着和朱仝去玩耍，并不知道，灾难已经专为他埋伏在那里。

朱仝扛着小娃娃走在街头，雷横出现了，要朱仝借一步说话，朱仝放下小衙内，跟他到个僻静地方，见到了吴用，吴用、雷横二人一起劝朱仝上梁山。

朱仝断然拒绝，他犯的罪行并不严重，一年半载就能够还乡复为良民。这原也在宋江吴用预料之中，于是，当朱仝回转，到处找那小孩儿，却发现，那个活蹦乱跳的小娃娃，已经被李逵一劈两半，尸首就在朗朗月色下。

每次看到这一段，都不忍卒读，替那孩子难过，替他父母难过，更替朱仝难过。似他这样重情重义之人，如何面对那个孩子的惨死，知府对他的不设防？

朱仝自然不肯罢休，恨不得一口吞了李逵，要与他厮杀。吴用、雷横点明是晁盖、宋江两位的主意，他仍是盯着李逵不放，提出，若有黑旋风在，他死也不上山去。最终李逵被留在柴进的庄园里，朱仝也偃旗息鼓，不再纠缠，到了山上，见到晁盖宋江，叙说旧话，连日宴饮，他从未追问他们一句。

如此淡定者还有扈三娘，除了她一个哥哥，她全家都被李逵杀掉了，她被安排嫁给好色又窝囊的王英，却也见宋江“义气深重，推却不得”。

从徐宁到卢俊义再到秦明、朱仝、扈三娘，都是被宋江他们暗算了，被欺负了，他们不但几乎没有任何反抗，反而很快与宋江他们打成一片。

当然，秦明一开始是拒绝的，“怒气于心，欲待要和宋江等厮并，却又自肚里寻思。一则是上界星辰契合，二乃被他们软困，以礼待之，三则又怕斗他们不过。因此只能纳了这口气。”待宋江答应把花荣的妹子嫁给他，他“见众人如此相敬相爱，方才放心归顺”。

他这一归顺，马上就很投入，出谋划策，主动提出把兵马都监黄信也拉拢过来。

朱仝、扈三娘倒是没有他表现得那么积极，但后来作为梁山人冲锋陷阵，似乎前尘往事，俱已灰飞烟灭，往昔种种，譬如昨日死。以平常心想想，未免失真，但是，他们遭遇的，本来就是非平常事件，在一种极端处境中，本能会让自己活下去，哪怕像狗一样活下去。

刘慈欣的《三体》里这样描述“三体文明”：所有的情绪，像恐惧、悲伤、幸福、美感等等，都是三体文明所极力避免和消除的，因为它会导致个体和社会在精神上的脆弱，不利于在这个世界恶劣的环境中生存。三体世界所需要的精神，就是冷静与麻木。

三体人活在极其恶劣的生活环境中，时而处于双日凌空的烈焰炙烤中，时而处于极度寒冷的永夜里，人们需要不定期地脱水冬眠，碰上恒纪元时再浸泡重生。在生与死的缝隙里，他们怎么可以“感时花溅泪，恨别鸟惊心”，那些只会引发无端内耗的感情，被尽数删除，最后，只剩下冷静与麻木。

卢俊义他们也是这样，上山容易下山难，跟官府翻了脸，还有一个梁山在那里，跟梁山翻了脸，他们还能往哪里去？如果想活下去，就必须将那些不必要的情感删除干净，因为冷静所以麻木，因为麻木，所以更加冷静。

这是人之常情。听一位远房姑姑说起她童年的一段经历，那是饥荒年月，有天，她路过婶娘家，婶娘站在门口对她招手：“来来来。”唤她到家中去玩。她以前也经常在婶娘家里玩上好半天，那天，不知怎的，就觉得不对劲，她没有进去，而是飞快地跑开了。

不久，就听说，那婶娘把一个到她家里玩的孩子掐死了，然后吃掉了。她算了一下那日子，正是婶娘唤她的那天，再回想婶娘当时的神色，并没有什么异样，正是那正常，让她在后来的很多年里都心有余悸。那种冷静与麻木，是非常环境中的常态，饥饿让人把自己的良心也给吃掉，只剩下本能。

梁山生涯一向被描述得极其恣肆，“大碗喝酒大块吃肉”“论称分金银，整套穿衣服”，但内里的残酷，人人都清楚，各自的选择，也都出于对力量的权衡。步步惊心，步步为营，每一个人都在刀尖上行走，要把自己的意志磨成铁，来不得半点感情用事。

然而，为了营造良好的秩序、相对松弛的气氛，鼓舞士气，安慰自己，他们也要制造出另外一套语码，比如“替天行道”“兄弟情义”，于是，你只见每日欢声笑语，看他们心无芥蒂，并肩作战，驰骋疆场，但个人的感受，却石沉大海——如果他们不让那些感受沉下去，被湮灭的，就是他们自己。

武大，“绿帽子”名头带来的二次伤害

刘震云参加腾讯娱乐的“星空演讲”，说了几件“一句顶一万句”的事，其中一件是《水浒传》里郓哥，就因为他多说了一句话，死了四个人，分别是武大、潘金莲、西门庆还有王婆。

他的这个说法，让我心有戚戚焉。

看《水浒传》，远行归来的武松对郓哥和颜悦色，跟他打听武大的死亡真相时，也曾想，他就一点也不恨眼前这小子吗？如果不是他跑到武大面前学舌，各种激将，起码武大不会自不量力地去捉奸。郓哥但凡懂点事理，就应该等到武松回来再说，即便到那时武松和西门庆有一场恶斗，武大总死不了。

对于武大的死，郓哥很难说没有责任，但是他跟武松讲述那前因后果时，没心没肺，无遮无掩，一方面因为他年轻，另一方面，只怕也因为他觉得自己做的就是对的，武大都戴上绿帽子了，怎么可以不带他去捉奸呢？

不管男女，配偶出轨都会令人感到蒙羞与痛苦，中国是这样，外国也是这样，《奥赛罗》的悲剧正是由此而起，但和武大这档子事又有差别。

奥赛罗的愤怒，是他的感情结结实实地受到了伤害，他对苔丝狄梦娜因爱生恨。坏人伊阿古这样说："本来并不爱他的妻子的那种丈夫，虽然明知被他的妻子欺骗，算来还是幸福的；可是啊！一方面那样痴心疼爱，一方面又是那样满腹狐疑，这才是活活的受罪！"他装作同情奥赛罗的感情，"忍不住"对他道出所谓"实话"。

郓哥则不同，他明明是自己在王婆那里吃了亏，一肚子气没处出，来寻武大当枪使，一见武大，却是满脸的道德优越感。笑话武大说："这几时不见你，怎么吃得肥了。"武大说他一向就是这样，郓哥进一步奚落他说："我前日要籴些麦稃，一地里没稃处，人都道你屋里有。"武大奇怪了，他又不养鹅鸭，屋里哪来的麦稃？郓哥说："你说没麦稃，怎地栈得肥腌腌地，便颠倒提起你来也不妨，煮你在锅里也没气。”

这下武大听明白了，他是骂自己如同鹅鸭，暗指他老婆出轨。武大不干了，说自己老婆并没有偷汉子，郓哥便将真相跟他揭晓。武大还有些迟疑，待信不信，郓哥道：“又来了！我道你是这般的鸟人！那厮两个落得快活，只等你出来，便在王婆房里去做一处，你兀自问道真个也是假！”

话说到这个地步，武大不去捉奸都不行了，不然岂不成了他人眼中“这般的鸟人”？

郓哥也不是存心要害武大，他大概以为武大作为受害者，占了个理字，西门庆就不敢把他怎么着。哪知道就算西门庆反应不过来，心里也许早已恨死武大的潘金莲，却知道怎么对付武大郎，挑唆西门庆一个窝心脚，将武大踢倒在地。

事情既然已经开了头，就很难收场，武大受伤在床，孤掌难鸣，只能任由王婆、西门庆、潘金莲摆布。但有什么办法呢？他当时要是不立即去捉奸，就成了一个将“绿帽子”戴得很堂皇的人，他原本就因为丑陋矮小受尽欺辱，再将这顶帽子戴上，还怎么朝下活啊？

在我们这儿，被命名是一件很可怕的事儿，刘震云的另外一部小说《我不是潘金莲》，讲的也是一个命名改变了一堆人的命运的故事。

小说的主人公叫李雪莲，原本是个地地道道的受害者，许多年前二胎还没有放开，她和丈夫商量着，先离婚，生下二胎再复婚。哪曾想二胎生下来，男人有了小三，不打算跟她复婚了，这还不算，面对李雪莲的指责，男人说："你是李雪莲吗？我咋觉得你是潘金莲呢？"

他指的是李雪莲结婚时并不是处女。但是哪怕以最传统的是非观论，"非处"也比一个骗老婆辛苦生二胎，自己拍屁股走人另起炉灶的人道德吧？

他说这话是在一个乱糟糟的场合，周围有很多喝啤酒的人，李雪莲觉得自己在别人眼里一定成了潘金莲，在她自己心里，她是那个能让六月飞雪的窦娥。

李雪莲因此开启了她的"洗白"之旅，她到北京上访，阴差阳错地断送了某些官员的前程，她也曾遇到新的爱情，但她很快发现，那个男人和她在一起的目的之一，是劝她不要再上访。

她费尽心机，动用有限的智商，和比较突出的女性资源，要一个"不是潘金莲"的证明。可是谁能给她呢？只有她自己能给自己，但是，她被"潘金莲"三个字镇住了，像是被压在如来佛祖咒语下的孙悟空。表面上看，她走南闯北，动静大得不行，事实上，她是那么害怕这三个字，就像所有要脸面的妇人一样。

我想过做一个考证，考证在“潘金莲”这一形象横空出世之前，最典型的“荡妇”是谁。印象中比较能吓住人的，应该是春秋时候的夏姬，她不但与多位诸侯大夫私通，还跟她哥哥生了孩子。嫁过七回，当过三次王后，这赫赫履历，让风尘中人都感到不齿。

明末时候，有位名妓李十娘刻了个印章曰“李十贞美之印”，男闺密余怀跟她开玩笑说：“美则有之，贞未必也。”李十娘立即就哭了，说她虽然风尘贱质，但并不是夏姬那种不知羞耻之人。估计那会儿，要是说哪个良家妇女像夏姬，她也能一时三刻就去寻死。

夏姬虽然作风惊人，但也因为太惊人，更像个传奇。阳谷县的潘金莲则更接地气，是寻常巷陌里的风流妇人，更容易被类比。女人一旦被比喻成她，会由不得地感觉到被她附了体，成了一个肮脏歹毒无耻的人。

男人打击女人，一句“潘金莲”就能让她万劫不复，至于她是否冤枉，里面又有怎样的细节，并不重要，强硬命名，打得你毫无还手之力，这是男性世界治理女性的法宝，也是李雪莲惶惶不可终日的根由。

女人怕被以“潘金莲”命名，男人的噩梦，则是戴上

“绿帽子”。一直觉得“绿帽子”是一个恶意满满而又莫名其妙的词。一个男人，妻子出轨了，不管他跟老婆有没有感情，他本人都是一个受害者，作为受害者，他可以就自己的利益做出申诉，其他人同情支持都可以，发明出“绿帽子”这个词给他戴头上，这不是二次伤害吗？

据说“绿帽子”一词源自元明时期，政府要求娼妓家的男人都得戴绿头巾，从那以后，就用戴绿帽子讽刺妻子出轨的男人。

对于那时候的政府行为，咱这里不做评说了，但靠女人卖身谋生的男人，跟妻子出轨的男人，根本不是一回事啊。对于后者，也没什么好讥讽的，是天灾人祸，是际遇使然。就像武大，他好端端地在街上卖炊饼，他老婆出轨了，为什么他要接受被比喻成鹅鸭的羞辱？

细究起来，“绿帽子”和“潘金莲”是一回事，都显示出了男权社会对于命名权的掌控。将一个女人命名为“潘金莲”足以起到震慑作用，李雪莲的反抗，也正是这种震慑引起的反作用力。

绿帽子这个词，表面上是羞辱男人，但它是耻笑，是威吓，更是一种催逼。管好自己的女人，不给社会添乱，不给道德家添堵，是一个男人不可推卸的义务和责任，不管他以什么样的方式。这种要求，多过对于当事人私人感情和能力的考虑，郓哥虽小，也懂得这一点，所以他在王婆那里吃了亏，就理直气壮地要求武大去擒拿那对奸夫淫妇，武大死得真是冤枉。

在刘震云的小说《一句顶一万句》里，他将“绿帽子”的威慑力写得更加清楚，无论是上篇里的吴摩西，还是下篇里的牛爱国，对于跟人私奔了的老婆，都没什么感情。她们跑了就跑了呗，对他们的生活并无实质性的影响。

但是，周围的人不怎么看，吴摩西老婆的前公公跑来找他：“这么吃了哑巴亏，惹人笑话；咱们都是脸朝外的人，白白被人欺负，在街面上就没法混了。”

牛爱国比吴摩西生得晚，差了好几十岁，他老婆跟人跑了之后，他姐也要他去找，牛爱国说：“这种破鞋，找她做甚？”牛爱香说：“找他们不是为了找他们，为了有个交代……老婆跟人跑了，得有个响动。闷着头不作声，咱们在沁源县没法混了。”

这种找，不是丢不下，离不开，它有一种报复性的意味在里面，找到之后呢，必然有一番羞辱，方不吃“哑巴亏”，以后也才有的混。

吴摩西和牛爱国没有办法，只好去找，他们一点也不想找，但是为了不把“绿帽子”戴得那么结实，就得去假找。在假找的过程中，一个把前妻的女儿弄丢了，另一个找到了真爱，这是更加结实的事，他们跟生活硬碰硬了，相形之下，那来自于他人、来自于男性社会积习的命名都是纸老虎，分分钟戳得破，无须再放在心上。

人活在世上，常常逃不过被命名的命运，也常常有命名他人的欲望。漂亮风流的姑娘，被视为潘金莲，优雅优秀的女孩，被鉴定为“绿茶婊”，不久前我还听到一个词叫作“岁月静好婊”，无欲无求也能变成一种罪过，命名果然是打击异己的好手段。

还有一种命名则是反向的，像徽州那些牌坊，用“节妇”这样一个名词，绑架了无数女人的一生，让她们搁置欲求，削足适履，哪怕鲜血淋漓，也要进入这种主流的命名。

强大的人拒绝被命名，不管是好的，还是坏的。这种拒绝，不是据理力争，也不是像李雪莲那样上天入地地找个说理的地方，而是从心底知道自己是谁，面对的是怎样一件事，如何处理更加利人利己。

这样要求武大或是李雪莲，当然是一种苛求，但如今，面对那些试图为你命名的人，完全可以很有礼貌地跟他们说一声：“不好意思，请把你那些破烂拿远点。”

《水浒传》作者真的是厌女症患者吗

若要在中国古代作家里选出最令人厌恶的一个，《水浒传》的作者施耐庵很有可能上榜。其他作家，比如写《红楼梦》的曹雪芹，写《西游记》的吴承恩，会有人不喜欢，但很难像施耐庵那样令人厌恶，我不止一次听人说，他们无论如何，无法认同作者的三观。

他将那些滥杀无辜的歹徒称之为英雄是其一，让人不能忍的，还有作者的女性观。

美丽的女人全是贱人，全部该死，最后也都死得很难看，只有比男人还粗豪的孙二娘和顾大嫂，才能活得好一点。后世读者不平之余，甚至有诛心的猜想，是不是施耐庵吃过漂亮女人的亏，借写小说来泄愤?

我总觉得没这么简单，作者确实是这么写的没错，只是如果他真的认为梁山人都是英雄好汉，完全可以稍稍为尊者讳，不必那样细致地写他们怎样滥杀无辜，去挑战读者的底线。

如果他真的觉得漂亮女人都是贱人，也不必写出她们的可同情之处，比如阎婆惜和潘金莲，虽然许多年来一直是坏女人的代名词，但是帮她们做翻案文章的也不少——作者似乎特意留下了许多缝隙，供有心人听他的言外之意。

以书中出场的第一个“坏女人”阎婆惜为例，作者写她并不客气，她死于贪婪，也死于愚蠢。然而，换个角度看看，她其实挺苦命，那贪婪和愚蠢，皆有可理解之处。

关于阎婆惜的出身，书中这样写道：“（阎婆惜的父亲）平昔是个好唱的人，自小教得他那女儿婆惜，也会唱诸般耍令……三口儿因来山东投奔一个官人不着，流落在此郓城县。不想这里的人，不喜风流宴乐，因此不能过活。”

听上去，这个阎公是个非典型老爸，人家都对女儿严防死守，他却教得女儿会诸般耍令，要么是他自己喜好风月，要么就是他原本就打算让女儿吃这碗饭，不管怎样，阎婆惜不是一个幽闺里的小家碧玉。

屋漏偏逢连夜雨，投亲不着，阎公又生了病，很快死掉，无钱发葬。有个王婆——《水浒传》热衷于牵线搭桥的老太婆都叫王婆，跟现在隔壁老王一样，都取这个姓氏常见吧——帮阎家母女找到“及时雨”宋江，宋江爱做慈善，随手替她们买了一具棺材，又给了十两银子。

那阎婆看宋江出手阔绰，为人侠义，便要把女儿许配给他。宋江经不起撺掇，也就答应了下来。“就在县西巷内讨了一所楼房，置办些家火什物，安顿了阎婆惜娘儿两个在那里居住。没半月之间，打扮得阎婆惜满头珠翠，遍体绫罗……”

宋江对这个花容月貌的阎婆惜似乎挺有心，实则不然。他“及时雨”的名头不是白叫的，舍得花钱是出了名的，对阎婆惜是这样，对李逵也是这样，并不是钱花在哪里，心就在哪里。

书中明说：“宋江是个好汉，只爱学枪使棒，于女色上不十分紧要。”阎婆惜于他，充其量就是个宠物，给钱可以，再多就没有了。这一点，倒是跟在微博上放狂话说“普通漂亮的姑娘”他只要想睡就能睡到的那老男人有一拼。他们不相信爱情，也懒得经营，宋江把扈三娘嫁给矮脚虎王英，从侧面反映出他对于感情的生疏与粗暴。

然后，张三就出现了。张三这个名字妙，妙在他不需要是谁，对于寂寞的阎婆惜来说，任他张三李四，只要有个差不多，都能填补情感空白。何况，宋江的这个小同事张三乃是小鲜肉一枚，生得眉清目秀，齿白唇红，与阎婆惜眉来眼去之间，把情意传达得丝丝入扣。阎婆惜心有所属，对宋江也渐渐冷淡了。

宋江自然不会上网发微博，只是暗自决定不再去阎婆惜那里。阎婆惜倒乐得轻松，但她妈阎婆视宋江为摇钱树，死拉硬拽地将宋江拽回家，打酒买肉，要宋江和阎婆惜共进晚餐然后同床共枕。

那气氛真是尴尬，两人各怀怨气地吃了，躺下，辗转到四更天，无眠的宋江和阎婆惜拌起嘴来。宋江大怒而去，却将一个招文袋忘在床头。阎婆惜起身解衣睡觉时，发现了招文袋，更发现招文袋里有一条金子和一封书信。那信，来自于梁山，写信人是晁盖，他正因劫了生辰纲而被官府通缉。

阎婆惜大喜，笑道："好呀！我只道'吊桶落在井里'，原来也有'井落在吊桶里'。"那意思是，宋江这下可犯在她手里了。

她这么说，是有点忘恩负义。宋江不算对不起她，对不起她的是生活。但是，生活是抽象的，具体的是宋江，她只知道，这个人不爱她，她也不爱这个人，她却还得属于他。

年幼无知又任性如阎婆惜，很容易就将对于生活的怨恨，迁怒到宋江身上。她逼着去而复返的他，立即就得拿出一百两金子来。这是贪婪，也是借此出一口恶气。她对生活的所知太有限，不知道看似温懦的宋江，底子是狠的，把他逼急了，他也能杀人。

阎婆惜之死，仿佛是她自作自受，可是作者用这样几句话评论移情别恋的阎婆惜，让人无法不对她有所悲悯，他说："原来这色最是怕人。若是她有心恋你时，身上便是刀剑水火，也拦她不住，她也不怕；若是她无心恋你时，你便身坐在金银堆里，她也不睬你。常言道：'佳人有意村夫俏，红粉无心浪子村。'"

这所谓的"色"，不就是我们现在说的伟大爱情吗？这段话里有"贫贱不能移，富贵不能淫，威武不能屈"，又有"情人眼里出西施"。这几句话，仿佛是作者特意给阎婆惜留的后门，将她从那"酒色娼妓"的评价里解救出来。我不知道，是作者真心实意地鄙夷这样一种情感呢？还是，明面上拿些能够讨好大众的三观去糊弄，却在字里行间塞点私货，专给那些能懂他的人。

写潘金莲，用的也是相似的笔法。要比惨，潘金莲可能更胜于阎婆惜。她曾是如《红楼梦》里的鸳鸯一样刚烈的女子，在大户人家做丫鬟，被主人纠缠，她告到了主人婆那里。主人婆没能像贾母保护鸳鸯那样保护她，她被主人惩罚性地倒贴房奁，嫁给了丑陋矮小的武大郎。

一开始，潘金莲是认命的，虽然作者上来就给她做盖棺定论，说她“倒无般不好，为头的爱偷汉子”，却并没有提供任何事实依据。相反，当那些泼皮无赖在他们家门口叫嚣“好一块羊肉，倒落在狗口里”，武大感觉住不下去要搬走时，也没见她提出任何反对意见。除了对武松，书里并未写她主动去招惹过谁。

但是命运怎么肯就此收手？当潘金莲已经习惯了与武大共守平凡时日，命运恶作剧般快递来一个威武雄壮的武松。她没能识别出这礼物的来者不善，兀自心花怒放，以为此前种种尽是铺垫，只为此时见到光明。

她贸然出手，醉眼饧涩，情意绵绵，问武松可肯喝她手中半盏残酒，武松勃然作色，几乎将她推倒，还以拳脚威胁。虽然潘金莲的示爱的确有悖伦理，可是，这极热极冷转换得太过迅捷。真不知道潘金莲前世到底做了什么，要被命运耍得这样忽好忽歹。

先是指派最丑陋窝囊的男人给她，再让最英武健壮的男人出现在她面前，这还没完，当她被武松拒绝，自我评价极低时，又让那个“潘小邓驴闲”一应俱全，最会在女人面前小意殷勤的西门庆上场。作者似乎唯恐这些元素还不够缭乱，又添出一个最擅长煽风点火而且可能曾有杀人前科的王婆来。

所有这些人，在命运的操纵下，不自觉地形成了一场共谋，要让她陷身其中，就此万劫不复。当然，如果潘金莲真的是个节烈女子，是可以逃出这重围的。但并不是只有节烈女子才配在这世上存身，更多的人，只是没有像潘金莲这样经受反复的淬炼。她没有经过考验，终究失了脚，带着围猎她的所有人，滑进命运的深渊。

该怎么评价她？很难评价。她拒绝主子的骚扰，这是她的勇敢和坚持；主动提出帮王婆做寿衣，这是她的与人为善；她虽然不情不愿，还是按照武松说的，在武大回家前放下帘子，这是她的顺从；武大叮嘱她，若在王婆家吃了酒食，也应带些钱去还席，她言听计从，这是她的知道规矩……

作者写了她欺负武大反咬武松的泼悍，写出了她挑唆西门庆脚踹武大的狠毒，但也写了她日常里那些细碎的好；写下了她的滔天大罪，也写出她的婚姻的原罪。如若作者是仇恨女性，完全不用这样为她开脱，比如潘巧云，就不像潘金莲那样令人同情。虽然，我也不认为潘巧云就该死得那么惨。

《水浒传》里，最令人同情的女人，还是前面一再提起的扈三娘。作者再三皴染扈三娘的英姿飒爽，武艺超群，也再三描画矮脚虎王英的猥琐不堪，然后以宋江的名义，将扈三娘强配给这个她昔日的手下败将。凭空一想，都替扈三娘了无生趣。

扈三娘不同于阎婆惜也不同于潘金莲，她没有吃过苦，没有经过生活的揉搓，这很可能是她栽的第一个跟头，可这一跟头栽下去，就两眼发黑，再也爬不起来了。

到底是一了百了，还是苟且偷生，活在仇人堆里，与最不堪的男人结为夫妻？扈三娘心里未必没有过一番挣扎。可是，要不怎么说伟大作家都心狠手辣呢，施耐庵偏要说得平淡："一丈青见宋江义气深重，推却不得，两口儿只得拜谢了。晁盖等众人皆喜，都称颂宋公明真乃有德有义之士。当日尽皆筵宴，饮酒庆贺。"

我觉得作者是有意的，他有意无视扈三娘的伤痛，因为所有的人都这样刻意地无视了。他们装作以为她是一个没有情感的人，装作以为她会感宋江义气深重——这真是把她卖了还让她数钱。她也必须接受他们的以为，她有偷生之心，她就只能假装笑着活下去。

有句话叫“逼上梁山”，书中那些男子，活不下去就跑到梁山上来，但命运并没有给这些女人准备一座梁山，她们面对的，只有悬崖。阎婆惜与潘金莲的死，是她们朝向这悬崖的纵身一跳，扈三娘的生，又何尝不同样是闭着眼睛一跳。作者冷酷无情地让我们知道那个世道的冷酷无情。

施耐庵是不是在玩写作手法上的无间道？还是他就是这么一个倾斜的三观，觉得女人就是可以被随意分配放置，就是应该被摁死也不能发出一点声音？可是他在这本书里有许多处，如果不是一本正经地胡说八道的话，简直就是反人类了，比如对于杀人恶魔李逵的欣赏。可是一个反人类的人又如何能描画出鲁智深的慈悲心肠，并给他一个那样美好的结局？在叙述李逵以及宋江还有其他人时，作者可以一本正经地胡说八道，叙述这些女人时，为什么不可以？

要么是施耐庵写法复杂，要么是施耐庵人格复杂，我更愿意相信是前一种。因为那种不动声色、阴阳怪气、皮里春秋的写法，不只为他一个人所采用，吴承恩和曹雪芹的笔下，也都曾出现过。

他们都不是老实人，他们一定要给读者设圈套，通过这种冒犯，让读者得到些许烧脑的快感。我不知道这是不是我一厢情愿的臆猜，姑且就这么一说，存在这里，算作我的一点阅读意见吧。

「壹肆壹—壹柒〇」

楚汉争霸·

将相宁无种，

本无富和穷。

四海皆兄弟，

世界应大同。

项羽，因为反智，所以迷人

（一）

寒假里和娃一起看《上下五千年》，聊起刘邦和项羽，我问娃喜欢哪一位，他说，你忘了？我早就说过我喜欢项羽。

我当然没有忘，我以为他忘了。三四年前，他六七岁时，电视里放《楚汉传奇》，他跟着我看了几集，便宣布他喜欢项羽。看到项羽死去他非常难过，说，他们为什么不能剪刀石头布呢？为什么不能好好聊聊呢？……

我当时以为他只是随口说说，没想到至今他未改初衷，项羽的群众基础真是太好了。那么项羽倾倒众生、老少通吃的原因到底何在？

电视剧脱胎于史料，司马迁一篇《项羽本纪》，将项羽塑造得凛凛然有生气。

他一出场，就是一个不爱学习、蔑视学习、拒绝学习的形象，“学书不成，去学剑，又不成”。他叔父项梁很生气，项羽自有高论：“书足以记名姓而已。剑一人敌，不足学，学万人敌。”项梁教他兵法，项羽开始“大喜”，“略知其意”后，又不肯朝下学了。

无论是文化课，还是剑术与兵法，项羽都是浅尝辄止，我曾经感到异样，司马迁为何要在开头就重重地刻画这位英雄的厌学情绪？

有天听到莫言一通高论，忽然触类旁通：他说他幸好读书少，否则就会影响他的创作力。咦，古人不是云“读书破万卷，下笔如有神”吗？再想想不无道理，阅读能够打开眼界，增加词汇量，但同时也是一种侵犯，以二手经验，破坏写作者对于内心与外界的直观感受，于普通人利大于弊，于天才则得不偿失。

项羽的拒绝学习，未尝不是一种自我保全。他天生神勇，“身长八尺余，力能扛鼎，才气过人”，要是爱学习，爱思考，没准就会破坏这种原生态，无法再那么元气沛然。

比如说，他可能就没法那么麻利地杀死会稽郡守——当时天下大乱，群雄蜂起，地方官也都考虑脱离体制，出来创业。会稽郡守殷通邀请项梁做合伙人，项梁虚与委蛇，一个眼色使过去，项羽伸手把殷通杀了。而读过书的人，容易想多，行动力会差上很多。

出道之后，项羽亦屡屡展现蛮力，他曾久攻襄城而不下，打下来就把全城老少活埋了。后来怀王和诸将都觉得项羽下手太狠，跟他一比刘邦都成了“宽厚长者”。

（二）

项羽因此有了与宋义过招的机缘。

宋义原本是项梁手下，项梁战死定陶，项羽想西行杀入关中，为叔叔报仇，怀王怕他祸害关中百姓，派他带楚军北上，去往水深火热中的巨鹿战场，援救被秦军攻打的赵国，又命宋义为他掌舵，号称卿子将军。

他们率领援赵的队伍，向着巨鹿进发，到安阳停了下来，一停就是四十六天。宋义的说法是：“夫搏牛之虻不可以破虮虱。今秦攻赵，战胜则兵罢，我承其敝；不胜，则我引兵鼓行而西。”

他要坐山观虎斗，若秦兵打败了赵国，必有所消耗，楚军再出手不迟。若秦兵被赵国打败，楚军就直接掉头西行去打秦军老巢了。

宋义没那么关心赵国的命运，他考虑的是楚国的长远利益。项羽却不认可宋义的等待，赵国那么怂，怎么可能打得过秦国？加上天寒大雨，士卒冻饥，他振臂一呼，说宋义这个人既不体恤士卒，又无视国家安危，危急存亡之际，还饮酒高会，“非社稷之臣”。他一不做二不休地砍下宋义的头颅，宣布宋义与齐谋反楚，“楚王阴令羽诛之”。

到了这个份上，怀王只好任命他为上将军。项羽的时代，就此真正开始。

他杀宋义是为打秦军，但秦军真不好打，不但是宋义，周围一圈诸侯军，都在遥遥观望。战争好似一触即发，但谁也不敢轻举妄动，像是在等待着命运的一丝暗示，项羽却是要定制命运的那个人。

反正也就这样了，他沉掉了船，砸掉了锅，烧掉了帐篷，斩断所有退路，求生与求胜的愿望合二为一，士卒们呼声震天，诸侯军单是旁观就吓破了胆，等到项羽终于打败了秦军，“诸侯将入辕门，无不膝行而前，莫敢仰视”。

项羽以他的方式打赢了战争，还打出了美感，打出了尼采在《悲剧的诞生》里提到的那种酒神状态："酒神状态的迷狂，它对人生日常界限和规则的毁坏，其间，包含着一种恍惚的成分，个人过去所经历的一切都被淹没在其中了。这样，一条忘川隔开了日常的现实和酒神的现实。"

破釜沉舟，是项羽人为地划出一条忘川，淹没掉过去的经验，淹没掉恐惧和算计，高效，而且低耗——因为想得太多太周全，不但于事无补，还会让自己泥足于各种纠结之中，像宋义那样。

宋义不能不算是一个聪明人，当初他曾劝项梁，骄傲使人落后。项梁很不愉快，差他出使齐国，宋义路上遇到要去见项梁的齐国使者高陵君，对高陵君说："项梁快完了，您要是慢点走，还能保住命，您要走得太快，连您也遭殃。"果然被他言中，项梁战死于定陶。

巨鹿之战，他的战略也并非全无道理，"夫搏牛之虻不可以破虮虱"。巨鹿战场上的秦军是虮虱，楚军这个虻虫更有大目标，但问题是，大目标救不了他的当下，项羽按照自己那一套，却也打下来了。

每一种选择，都有局限性，条条道路，都是歧途，聪明总被聪明误，人类一思考，上帝就发笑。宋义曾批评项梁的傲慢，他自己，又何尝不是死于对于理性的自负。

但大多数人宁可像宋义那样停滞于理性的路途，因为你知道，思考可能是等死，不思考就是作死。比如项梁，比如乐府古辞《公无渡河》里的那个男子。

“公无渡河，公竟渡河！堕河而死，将奈公何！”洪浪滔天，他一定要过河，最后被洪流吞没。它讲的只是一个疯子的故事吗？比这个男人更神经更惨的人有的是，千古之下，它依然让我们动容的缘故在于，谁不曾有过身不由己的时刻？谁不曾在某些片刻，被突如其来的欲望所吞没？

他们，都是存在于我们生命里的某一部分。

（三）

青出于蓝而胜于蓝，项羽是项梁的升级版。

他血气方刚，无所挂碍，肾上腺素满格，洪荒之力充沛，他必须杀掉宋义。尼采说“一旦日常的现实重新进入意识，就会令人生厌：一种弃志禁欲的心情便油然而生”，宋义就是与他酒神的现实对峙日常的现实。

他要干掉宋义，干掉深思熟虑，干掉瞻前顾后，干掉既往的经验，驱动着澎湃的原始本能，开辟出不一样的历史。

命运帮助了他。他成功了。在观赏他的英雄气概之外，更令人愉快的，也许是看到一个非理性者的胜利，看到政治正确的一败涂地。

我们的感性与理性相爱相杀太久，在《白蛇传》里，以法海和白蛇的名义厮杀，在《红楼梦》里，以宝玉、黛玉和宝钗的名义厮杀。总是各有胜负，语焉不详，而在项羽身上，原始欲望大获全胜，傲然地将深谋远虑踩入泥中。

非理性贯穿他整个人生，在咸阳，有人对他说："关中阻山河西塞，地肥饶，可都以霸。"项羽说出了那个名句："富贵不归故乡，如衣绣夜行，谁知之者？"

他坦荡地说出人们羞于告人的欲望，他要享受炫耀的快乐，劝他的人都齿冷，跟人说："人言楚人沐猴而冠耳，果然。"项羽听说后，把这个随便开地图炮的家伙抓过来，烹了。可谓快意恩仇，睚眦必报。

他的对头刘邦就没有这么敞亮。虽然刘邦也是个著名的粗人，唐朝诗人章碣把他俩放在一块儿说"原来刘项不读书"。刘邦也没啥文化，但不读书和不学习是两回事。刘邦是一个非常爱学习的人。

他起初老羞辱儒生，读书人郦食其去见他，刘邦坐在床上让两个女子给他洗脚，郦食其问道："足下必欲诛无道秦，不宜踞见长者。"刘邦立即起身整理衣服，邀请郦食其上坐，他敏锐地觉察到能说出这种话的，不是一般人。

刘邦从善如流，反应快，改变也快，他的表达方式很感性，思维方式却很理性。比如他明明是贪财好色之徒，进入咸阳之后，惊艳于秦宫的珍宝美人，但经樊哙张良一劝，立即恢复理智，原样封存。否则，任他花言巧语，项羽在鸿门宴上只怕也无法原谅他的染指。

他能够封赏自己最讨厌的人，也能够放弃自己最喜欢的人，理性是他灵魂里的中坚力量，这是韩信明知项羽更加“勇悍仁强”却仍然跟着刘邦的缘故。

韩信用八个字评价项羽，“妇人之仁，匹夫之勇”。匹夫之勇好理解。妇人之仁，韩信这样解释：“项王见人恭敬慈爱，言语呕呕，人有疾病，涕泣分食饮。”但等到要给有功者封爵时，项羽又极其小气，印章在手里都快磨出包浆了，也舍不得给人家。

加了定语“仁”和“勇”已经失去本意。项羽愿意对眼前人示好，但怀王与韩信都说他“所过无不残灭者”；刘邦不太照顾别人的面子，却尊重别人的利益，更不做无谓的滥杀。

刘邦之于项羽的胜利，是理性之于非理性的胜利，智慧之于反智的胜利。反智的光芒能够辉耀于一时，爆发惊人的能量，但终究只是一时胜利，经不起天长日久的检验。

在一个个关键节点上，项羽落入刘邦的话语陷阱；垓下之战，他主动接受来自于韩信的暗示；最后一场打斗，项羽未尝不神勇，但又有何用？他心里已经认了输，以一当百，也不过是一场精彩的谢幕表演。他兵败如山倒，迅速崛起，又迅速陨灭。这世上，拼到最后，还是拼脑子。

尽管如此，在理性之外，我们仍然有抒情的需求，清醒得太久，谁不想有一场放纵的迷醉，想击碎灵魂里那些粘连的含混的东西，摆脱各种戒备束缚，活他一个痛痛快快，杀他一个干干净净？管他对还是不对——为什么恋爱令人愉快，因为在其中我们可以理直气壮地反智啊。

项羽因此格外迷人，直脾气的张飞也因此讨喜，杀人如麻的李逵，都有人觉得他很可爱，反智比政治正确更令人放松。这一点，似乎也为某些政客所察觉，相对于紧绷和谨慎的对手，他们会有意无意地夸大自己粗鲁、放肆、浮夸、无节操的一面，强调当下多过远景。这样看似口无遮拦，其实不过是一种行之有效的公关技巧，是他们向这世界卖的一个破绽。

鸿门宴上，
项羽先输在哪一步？

（一）

中学时背过那篇《鸿门宴》，说是怀王曾与诸将有约，先入关中者王之，但对于自恃实力强大的项羽来说，这是一句废话。当他来到函谷关外，发现刘邦已经占据关中，立即就生气了。他打下函谷关，发出号令：明早让士卒吃个饱饭，我们去攻打灞上的刘邦军队。

项羽的叔叔项伯的通风报信，让刘邦意识到问题的严重性，第二天一早，他亲自到项羽帐中请罪。

他表白自己无意与项羽为敌，当然项羽也没错，都是小人挑拨的。项羽说：“就是你的左司马曹无伤跑来跟我说的，不然，我哪会这么干？”

当年读到这句，只觉得项羽这人不厚道，随随便便就把曹无伤给卖了，刘邦后来逃回去，第一件事就是弄死曹无伤。

很多年后，再看这句话，发现项羽不厚道还在其次，当他说出这句话，他和刘邦之间的格局已然改变，原本占足上风的他，已经落了下风。

项羽当时拥兵四十万，又以破釜沉舟的一战，成为令人肝胆俱寒的传奇，刘邦只有十万兵力，因此不敢提怀王之约，忍气吞声只求项羽放自己一马。

占据绝对优势的项羽完全可以付之一笑，彪悍的人生不需要解释。可他居然认真地解释起来，一认真他就输了，这意味着他被带入刘邦的语境，不由自主地想要扮演刘邦替他塑造的那个光明磊落只是偶尔失察的角色，刘邦将他的境界抬上去了，他没法也舍不得下来，只好供出曹无伤。

细节决定成败，细节也会将人带沟里，到此时，范增再怎么明示暗示要他干掉刘邦都是徒劳，项羽只顾这一时的伟岸形象、良好气氛，哪里还记得什么天下大业啊？

据说人生里的重要时刻，常常是一生的缩影，项羽在许多重大关口上的失误，正与他陷入细节，而缺乏大局观有关。

（二）

他初出道时，曾攻打襄城，打得挺艰难，最后还是硬攻下了。这是一件好事，项羽却有本事变成一件坏事，他将襄城军民曾经本能的坚守视为对自己的敌意，报复性地将全城老小活埋了。

观者为之悚然，怀王后来不让项羽去往关中，就是因了襄城的前车之鉴，怕他祸害沿途百姓，“不可遣”。倒是刘邦，“素宽大长者，可遣”。

可见，如果项羽能够宏观地看待襄城军民的反抗，而不纠缠于“我被拒绝”的细节，他就有望先入关中，顺理成章地封王，而不用从刘邦手里巧取豪夺，落下背信弃义的名声。

有意思的是，项羽一方面如此残暴，另一方面，连刘邦的下属高起、王陵都对刘邦说：“陛下慢而侮人，项羽仁而爱人。”项羽也说过“项王见人恭敬慈爱”，这岂不是与怀王说法相反？

非也，热情与残酷，在项羽身上互为表里，他有期待，就有失落，会随着对方的反应，随时转化。

当他感觉到对方的友善，就会殷勤备至，体贴有加，当他感觉到被冒犯时，则是很激烈的报复——在现实中你也常常能看到类似情形，那些动不动暴跳如雷的人，骨子里常常是讨好型人格，当他释放的善意没有得到他觉得应该得到的回应，会突然从海水变成火焰，要将一切烧成灰烬而后快。

这类人没有洞察外物的能力，外物之于他们，只是一面又一面镜子，他们期待镜子说，你是最英雄最伟大的，他们不自觉地整理衣冠，让自己看上去更美；假如镜子里呈现的他们不尽如人意，他们就会觉得这面镜子太不友善，深恶痛绝之。

热衷于顾影自怜的项羽珍惜眼前人，下属生个病，他亲自来到病床前，嘘寒问暖，送食送药，他能直接从这面镜子里看到自己的仁慈与善良。眼泪不只安慰了下属的病痛，还冲刷了自己的内心，低成本地完成了一场道德消费。

但他不愿意封赏有功者，这种付出，太公事公办，下属纵然感谢，也不会特别感性，成本又那么高，项羽难免迟疑又迟疑。

他因此也不愿意待在关中，即使在此处有利于称霸天下也罢，家乡人民才是更好的镜子，能多角度地照出他的伟岸，这种对于镜子的热爱，远超过他对天下的向往。

（三）

刘邦深知他这一点，明白怎么给他下套。

鸿门宴上，低声下气，烘托他的良好感觉。后来俩人再度翻脸，项羽要烹了刘邦的父亲，刘邦说：咱俩曾经约为兄弟，我的父亲就是你的父亲，你要是烹了老爹，也请分我一杯羹。项羽虽然气得当时就要杀了刘老爹，但经项伯一劝即止，只怕心中也不是没有顾忌的。

项羽最终被一个叫侯公的人说动了心，放还了刘邦家眷。如今我们已经不知道侯公是怎样巧舌如簧，但可以想象，他必然掌握了对项羽最有效的催眠术。

最善于点中项羽软肋的还是韩信。在垓下，韩信让汉军唱起楚歌，当楚歌从四面响起，项羽就像被韩信远程遥控了一样，立即确认楚地已经被汉军占领。

他没有去看地图，也没有召来将士分析战况，他的反应非常戏剧化，和美人慷慨悲歌地道别，假如他的心是一座城池，这城池几乎毫无防守，任人长驱直入。

他的失败是必然的。就像刘邦的成功也是必然的一样。

刘邦的内心也是一座城池，看似内无武器，可以随意进入，其实外松内紧，壁垒森严。他清楚自己的利益点之所在，不会被他人的说法左右。当初他老丈人吕公看上他，正因为这一点。

吕公当年迁居沛县，沛县豪杰都去送礼道贺，贺礼不满一千钱的只能坐在堂下。刘邦当时是个亭长，不大看得起这些小吏，很没正形地在自己的名贴上写上“贺钱万”，一文钱不带就进去了。

有人说他这是脸皮厚，我更愿意理解为他对这种规矩的一种调戏，不自卑，不瑟缩，不接受，但也不对抗，用他的方式与之周旋，内心没有足够的定力，还真的不能如他这般喜感。

吹胡子瞪眼都是表象，他的内心始终固若金汤。比如他的老乡雍齿，仗着出身好，看不起他，刘邦恨得牙根子直痒痒。但是，当张良建议刘邦封赏自己最讨厌的人以稳定军心时，刘邦二话没说就先给雍齿封侯。强大如他，不会真的被这些细枝末节伤到，雍齿的看得起看不起，又能怎样?

（四）

俱往矣，成功的刘邦、失败的项羽皆尘土，生为凡人，我们没那么多关键时刻，但有时，也会犯下和项羽一样的错。

多年前看到一篇报道，说某大师出国，看中了一双鳄鱼皮鞋，让售货员拿下来看，售货员见他黄皮肤，爱答不理的，大师怒而买下店里最贵的一双鞋，让售货员大跌眼镜。

在当时，这个故事是从“给国人长脸”的角度讲述的，但看了还是忍不住想，大师真的喜欢那双鞋吗？售货员也没吃亏啊。本来很简单的一件事，就是买鞋，最后变成了“我要让她看得起”，这算不算另一种意义上的买椟还珠？

以后大师看到那鞋是什么心情？是郁闷？还是得意？就算得意，仍然是有害的，因为这证明你的情绪容易被别人所左右，会随着别人的眉高眼低而改变，你的免疫系统是有缺陷的，即使暂时安好，人生里总有顺逆，你没有保护自己的能力。

我们的一生里，有多少时间耗费在这种争辩、解释、申诉中？把一件事掰开了揉碎了说还不够，夜不成寐，心中雾数如匪浣衣。

说到底，还是内心的城堡不够坚实，我们无遮挡地站在天地间。别人骂我们，就会骂到我们身上来，别人给予我们暗示，我们就接收，我们总是通过别人的目光看自己是什么样子，有时会觉得委屈，想要论证“我不是这样”。

但这种论证，本身就是一种不自信，争执也好，内耗也罢，当你不能从乱麻般的细节里跳出来，居高临下地掌控自己的人生，纵然外表强悍，内心依旧弱小。

改变这一点，最好的办法是把那个哲学问题给世俗化：“我是谁，我从哪里来，我要到哪里去。”

我很知道我是谁，所以我不在乎你认为我是谁，别想跟我飙戏，我不会扮演你希望的那个人；我知道我从哪里来，我的出发点是什么，蒙我没那么容易；当然，最重要的是我明白要到哪里去，我会一直朝那个方向去，任谁，也没办法把我带偏了。

把这三个问题想清楚了，你的城池大抵可以稳固了。进可以无所畏惧，退可以坐看云起，建立一个独立而无待的个体，自己内心没有挂碍，在他人眼里也会很Nice。

韩信：会说那么多道理，还是过不好这一生

（一）

韩信年轻时在淮阴走来走去，人人都不待见他，因为他又穷又骄傲。

按说骄傲是他自己的事，然而，对于很多人来说，你想表现自己的“与众不同”，就意味着你看不起他们身处其中的“众”。

鲁迅笔下的孔乙己，人畜无伤，买了茴香豆还会记得分给旁边的小朋友，并认真地想要告诉酒店里的小伙计“茴”字的四种写法，担心他当上掌柜不会记账。但他仍然被恶意包围，人们有机会就想戳他的痛处，只因他在短衣帮里，穿

了一件长衫。在外人眼中，他对自我身份不恰当的认知，足以构成对于他们的侵犯。

当然，如果你的骄傲与你的身份匹配，就另当别论。达西先生年入一万英镑，除了伊丽莎白，谁都觉得他的傲慢可以得到原谅。

韩信的问题在于，他没有钱，却比孔乙己还会摆谱。

比如他母亲去世，家里穷得没钱安葬，他仍设法将母亲埋到一个又高又开阔的地方，认为这个坟墓周围将来必然会成为居住着万户人家的熙攘城镇；再比如，他当时到处蹭饭乞食，却负剑穿街过市，像《乘风破浪》里那个“乡村蝙蝠侠”，随身携带一本《杜月笙传》。

大多数人随便讨厌一下也就算了，有一种地痞无赖，偏要不依不饶。有天，韩信走在大街上，一个杀猪的少年拦住他，说：“你一个胆小鬼，还成天带着刀剑，有胆你就杀了我，没有胆子，就从我胯下钻过去。”

这一幕，《水浒传》里的杨志也遇到过，连台词都差不多：“你好男子，剁我一刀。”杨志真的剁了牛二一刀，牛二一命呜呼，杨志的命运也就此转折。

如若韩信能未卜先知地知道这一幕，怕是又要吐出那四个字：“匹夫之勇。”真正的勇者，不争一时一地之得失，无视无关人等的说长道短，韩信静静地看了那个少年一会儿，慢慢地，趴下去，从他的裤裆底下钻了过去。满大街的人，都笑得很开心。

和这样一些人，能说什么呢，韩信的当务之急是出淮阴，到更大的天地里去。

（二）

他幸运地赶上了乱世，对于韩信而言，乱世是重大利好。他一无所有，没有什么可以失去；他胸有韬略，在乱世里才能得到最大程度的变现。

正好项梁渡淮而来，韩信仗剑追随而去，他没有得到重视，项梁和项羽，都无法将他从人群里识别出来。韩信也曾向项羽献计献策，如石沉大海，没有得到回应。

再待在楚军阵营里是没有前途的，不只是他没有前途，这样的一个项羽更没有前途。他离开楚军去投奔汉军之后，明确地告诉刘邦，项羽貌似勇悍仁强兼具，凭的不过是妇人之仁匹夫之勇。加上背信弃义，亲疏有别，为人残暴，“所过无不残灭者”，“其强易弱”。

“其强易弱”，韩信从项羽的一片大好里，看出暗流涌动，只要刘邦抓住机会，打败项羽并不困难。

侃侃而谈的韩信，就像一个视力特别好的人，能从一团迷雾中，见常人之所未见。又像一盏指路明灯，照亮了身处偏远心有不甘的刘邦的前程。

而韩信的过人之处，还不只是目光卓越，实战中，他亦料事如神，屡出奇兵。汉高祖二年，刘邦攻打项羽大败而归，与刚刚收合了一些人马的韩信会师于荥阳，在韩信的帮助下，打败了追击他的楚军，挽回了一些局面。

之后三年内，韩信“涉西河，虏魏王，禽夏说，引兵下井陉，诛成安君，徇赵，胁燕，定齐，南摧楚人之兵二十万，东杀龙且，西向以报”，被蒯通称之为“功无二于天下，而略不世出者也”。

这话不算太夸张，韩信也说过，刘邦带兵打仗的能耐一般。项羽当然很厉害，但是他基础好，起点高，感召力比韩信强，尚不能占足韩信上风，可见韩信的确不是凡人。

看韩信的一场场胜利，会发现，他成功的关键，在于他深谙人性，项羽善于激发士兵的勇猛，韩信更懂得利用人的恐惧和不安。

比如井陉之战，他背靠河水布阵，将领们都不服，因为兵法上正确的布阵方式正好相反，是“右倍山陵，前左水泽”。胜利之后，他们向韩信请教其中的奥秘。

韩信说，这些军队不是他的老部下——他的军队老是被刘邦收编，手里用的总是新人。他没办法让他们为自己卖命，如果不将他们置于死地，他们早就跑光了，哪还能指望得上呢。

这是“背水一战”典故的由来，与项羽的“破釜沉舟”有相似处，也有不同处，他比项羽有更多顾虑，除了要搞定对方，还得先搞定自己人。

他擅长打心理战，叫轻骑兵进入赵营，插上汉军的红旗。赵军正打得热火朝天的，一回头，见营垒里遍插红旗，顿时崩溃，四处逃奔，汉军轻易地获胜。

后来，韩信与项羽在垓下对峙，也是让汉军唱起楚歌，项羽以为汉军募来楚人，那么楚地必定已被汉军占领，瞬时间不做他想，在虞姬面前，慷慨悲歌，以失败者自居了。

（三）

莫笑赵军与项羽的轻信，在最为紧张的时刻，若有风吹草动，有多少人不会掉入自我怀疑中，还能够动用理性，勘察周围的真实境况呢？

记得有一次我开车上高速，忽然见有辆车从对面而来，明明前后车辆都和我向着同一方向行驶，我还是立即变了脸色，说，难道我逆行了？

同行者笑道，你真是太擅长自我否定了。我确认是那辆车逆行，情绪方才缓和下来。也许每个人心中，都住着一个失败者。确认失败，比追求成功更让人觉得踏实，所以，我们总是更踊跃地接受“失败”的暗示。

韩信的高明之处，在于他懂得弱小者的心理，这与他出道之前的寒微生涯有关。他知道不太给人面子但更尊重他人利益的刘邦，一定能够赢了对眼前人客气、却舍不得给人封赏的项羽。在韩信的孤独岁月里，他可能将人的九曲回肠各种脑回路都琢磨得一清二楚了。

可是那句话怎么说来着，听过很多道理，还是过不好这一生。韩信更可悲，他会说很多道理，也还是过不好这一生。

在他打败龙且之后，韩信感到了恐惧，派谋士武涉去劝他。武涉跟韩信分析天下形势：“当今二王之事，权在足下。足下右投则汉王胜，左投则项王胜。”又警告他，一旦项羽完蛋了，刘邦下一个收拾的就是你。“何不反汉与楚联合，参分天下王之？”

武涉虽自为其主，三分天下的主意对韩信是有利的，韩信却给了他一个与一贯的理性大相径庭的回答。说我当年在项王手下，官不过郎中，位不过执戟，言不听，画不用，所以我才离开楚军投奔汉军。“汉王授我上将军印，予我数万众，解衣衣我，推食食我，言听计用，故吾得以至于此。夫人深亲信我，我背之不祥，虽死不易。”

武涉说的是前景，韩信算的却是旧账，刘邦过去对你好，并不能消除武涉提出的隐患，况且，在过去，刘邦对你真的有那么好吗？

当年韩信攻下魏国击败赵国的时候，刘邦总是立刻派人来调走韩信的精兵，输送到荥阳战场上。公元前204年，刘邦被项羽打败，狼狈地逃到韩信驻扎的修武，他扮成使者，进入韩信的营帐，趁韩信还在睡觉，夺了将印军符，调换众将职位，又叫韩信组织新兵，向东进击齐国。

刘邦对韩信始终留着一手，韩信对刘邦也没有那么赤胆忠心。打下齐国之后，他提出要刘邦封自己做“假齐王”，刘邦正被项羽打得晕头转向，这简直是要挟，但这要挟起了作用，识时务的刘邦干脆封韩信做了真齐王。

理性、机智如韩信，怎么画风陡变？忘记了自己和刘邦的真实关系？

（四）

我觉得韩信不会忘，他是一个记忆力特别好、心里有杆秤的人。

项羽乌江自刎之后，刘邦江山已定，便夺了韩信的兵权，将他改封为楚王。这连杯酒释兵权都不算，但韩信也没有太计较，因他是楚人，也算衣锦还乡，他找来几个在他未发达时曾与他有交集的人，将恩怨一一结清。

首先是一位曾经分饭给他吃的洗衣老妇，赐千金；

其次是当年的一位亭长，曾容留他在家里吃饭，亭长的老婆不乐意了，每天早早做好饭让家人吃完，等韩信起床，就啥也不剩了。韩信给了这位亭长一百钱，说，您是个小人，做好事不彻底；

最后，他找到当年羞辱他的无赖，出人意料地封了这无赖一个中尉的官职，他对各位将相说，当年他羞辱我时，我难道不能杀了他吗？杀之无名，故忍而就于此。

刘邦也封赏过曾看不起自己的雍齿，但那是为稳定大局。韩信封赏这无赖，更多的是为了雪耻。这个方式挺巧妙，可也说明，当年的他，并不像表现出来的那样情绪稳定，即使他如此成功，也没能将旧日放下。

至于亭长，人家是你什么人啊，让你蹭饭是人情，不让你蹭饭是本分，何至于怨念如此之深？

他和漂母的关系，则更值得玩味。当年他在城外钓鱼，遇到洗衣的老妇人，老妇人见他饿得慌，就把饭食分给他吃，一连几十天。韩信信誓旦旦，说他将来一定要报答这个老妇人，老妇人烦了，说："大丈夫不能养活自己，我是看你可怜才给你饭吃，岂会指望你报答？"

这番对话可以看出，韩信对于老妇人有感念之情，他想建立一种绵长的报恩关系，老妇人的两句话，截断了他的畅想，她没有他那么感性。

韩信的不幸，或许就在于，他的理性与感性都太发达，他能将天下大势说得头头是道，却无法走出内心的城池，即便功成名就，他仍然记得少年时曾经历过的辛酸。予温情以报答，予无情以报复，至于那无赖，与感情无关，他也要想方设法予以清账。

他一生都是一个孤儿，对这世间，他有警惕，能洞察，善投机，但对于温情又没有抵抗力。一方面懂得怎样跟刘邦斗智斗勇，另一方面，又念念于刘邦曾经给他的温暖，给自己制造幻象。

他是如此矛盾的一个人，这注定了他的纠结、不彻底、当断不断，也注定他干不过刘邦，并最终死于吕后之手。

二十世纪八九十年代，有句名言流行于一时：我要扼住命运的咽喉。韩信的一生，都在这么做，在许多个关口，他凭着智慧胜出。然而，有谁能够真正走出自己的命运？绕了一大圈，韩信依旧在用当年那个寒微少年的头脑，处理至关重要的事件。他是这样，今日的我们，又何尝不是这样？

「壹柒壹—贰伍陆」

乱世佳人·

你以为我穷、低微、不美、矮小，我就没有灵魂，没有心吗？你想错了！要是上帝赐给了我美貌和财富，我也会让你感到难以离开我。

从简·爱到阁楼上的疯女人

（一）

在《小团圆》里，张爱玲写到她曾在胡兰成家留宿，看见胡那个已经登报声明离婚、但还住在他家里的“前妻”全慧文：“房门忽然开了，一个高个子的女人探头进来看了看，又悄没声的掩上了门。九莉只瞥见一张苍黄的长方脸，仿佛长眉俊目，头发在额上正中有个波浪，猜着一定是他有神经病的第二个太太，想起简·爱的故事，不禁有点毛骨悚然起来。”

张爱玲这么一说，我也觉得像。全慧文和《简·爱》里罗切斯特的妻子一样，都是被取而代之的人，都被她们的丈夫描述成“疯女人”。胡兰成说，他参加“和平运动”后办报，赶写社论累得发抖，对着桌上的香烟都没力气去拿，回家来全慧文发神经病跟他吵，瞎疑心。

张爱玲不太信胡兰成的说法，她亲眼目睹的全慧文，并不像有神经病。她怀疑这是胡兰成为自己迎娶下一个女人而找的借口：“她神经病发得正是时候。——还是有了绯雯才发神经病？也许九莉一直有点疑心。”

张爱玲真是清醒到极点的人，热恋中仍然不给对方足够的信用额度，但这怀疑很有道理啊，如若全慧文真是个“神经病”，像胡兰成这样热衷于将生活戏剧化处理后再朝外界展示的人，怎么能忍住不津津乐道呢？现在就他的描述来看，全慧文最多有点歇斯底里，可那也是全世界女人都会有的反应。

胡兰成说，全慧文的神经病是在香港得上的。那时胡兰成每每出门，总有邻家妖艳的妇人过来招呼，一边问好一边贴在他身上。全慧文从窗口看见了，心里很不舒服。她转脸去质问胡兰成，他说香港女人都这样。全慧文从此有了“神经病”，不许他出门。

难怪张爱玲要疑心，这都是胡兰成单方面的诊断，全慧文始终沉默，最多只能从门口探一探头，没有给自己辩护的权利。同人不同命，为什么我们会很轻易地相信《简·爱》里罗切斯特的说法呢？那个被关起来的“疯女人”，真的是个“神经病”吗？

（二）

所有关于“疯女人”的说法也都来自于罗切斯特，他跟简·爱形容当年的自己，则是个无辜的小绵羊：“十八岁时我跟你一样——完全不相上下。造物主本来是想把我造成一个好人的……我深信，更多的是由于环境而不是天性，使我成了一个最平凡无奇的罪人，终日沉溺于有钱而无用的人想用来点缀生活的种种猥琐无聊的放荡生涯中……”看到这里不免好奇，生活到底对他干了什么，使他如此苦大仇深？

这个谜底到后来才被揭露，不过是他爸不愿意分割家产，全留给了他哥哥，本着对他负责任的态度，从西印度群岛给他找了一个自带三万英镑嫁妆的姑娘伯莎，这姑娘既美貌又风情，按照罗切斯特的说法，她和她的家人，几乎把远道而来的他，当成了《西游记》里的御弟哥哥：

“她家的人很想抓住我，因为我出身名门。她也这样想。他们让她衣着华丽地在舞会上跟我见面。我很少能单独见到她，和她个别交谈就更少了。她千方百计讨好我，拼命显示她的美貌和才情来讨我的喜欢。她那个社交圈的男人似乎都爱慕她，嫉妒我，我给弄得飘飘然了，激起了劲头，我的感官也兴奋了起来。由于幼稚无知、缺乏经验，我自以为爱上了她。社交界无聊的情场角逐，青年人的好色、鲁莽和盲目，会使一个人什么蠢事都干得出来。她的亲戚们怂恿我，情敌们刺激我，她又引诱我，使得我几乎连自己也未弄清怎么回事就稀里糊涂地结了婚。”

这段话让我想起什么？还是张爱玲，她曾引用一本主要是用来讽刺女人的《猫》里的句子：她们要人家把她们看得很严重，但是她们做下点严重的错事的时候，她们又希望你说“她不过是个不负责任的小东西”。奔着三万英镑和伯莎的美貌而去，相貌平平还自称是英国侏儒的罗切斯特，此刻亦声称自己只负责懵懂。

似乎是这不谨慎惹的祸，婚后他发现自己从来没有爱过她，这当然是她的错，可是我并不知道这位伯莎女士到底做错了什么。

罗切斯特说得很不具体：“我简直拿不准她的天性里是否还有点美德存在。无论从她的心灵上，或者是举止中，我都既看不到谦逊，也看不到仁慈；既看不到坦率，也看不到雅致——可我竟娶了她——我真是个又蠢、又贱、又瞎的大傻瓜。”

罗切斯特好像是在深刻地自省，但我们都知道，“我真是瞎了狗眼”这句话，可以当语气助词来看，只是更强烈地表达对对方的厌恶。

尽管如此，他说他依然不想拿这些来怪罪妻子，然后又滔滔不绝地对她进行看似有力其实空泛的指控：“我发现她的性格与我格格不入，她的志趣令我反感，她的心灵庸俗、猥琐、狭窄，奇特地怎么也引导不到任何高一点的层次、任何宽一点的境界。”我把这句话理解成自夸，跟这样一个人格格不入，当然他一定是不庸俗，不猥琐，层次高，境界宽的了。

他发现自己不可能跟她舒畅地在一起度过一个晚上，甚至是白天的一个小时，“我们之间根本无法进行亲切的交谈，因为不管我谈起什么话题，马上就会从她那儿听到既粗俗又陈腐、既乖戾又愚蠢的回答……”

早年我看到这段时，犹如简·爱附体，对这个男人立即有了深刻的同情，如若我是简·爱，也会觉得头顶冒出神圣的光环吧，会毫不犹豫地将自己的爱情当成观音的甘露，滴到他头上。但如今逐字看来，只觉得满满都是槽点：

这一结婚就发现一个小时都受不了，结婚前你干吗去了呢？再说，看在那三万英镑的份上——别说我俗，三万英镑在这桩婚事里本来就是一个重要的筹码——也不用把话说得这么满吧？

另外，罗切斯特这口气，我听着也耳熟，这是一个范本，被很多想要出轨的男人使用：我老婆很庸俗，我的老婆不理解我，她特别没见识，我跟她在一起真是活受罪……乍见之欢，终究要变成日久生厌，今昔对照，眼前人像是变了个人，这是人之常情，问题只在于，说这话的男人们，对于人性与自身都缺乏了解，眼看着红玫瑰变成蚊子血，便觉得全是对方的错。

请注意，这个时候，伯莎还没有疯。接下来，罗切斯特又指控她淫荡，而且是从她母亲那里继承来淫荡的天性。

这种说法真是妙，既让伯莎显得不可饶恕，又不至于损害自己的男性魅力——她天生就是那种人。

只是这一节，罗切斯特说得很简略，这不符合他的习惯。他擅长表达，讲述他的法国情人偷情的场景就很有画面感，奚落英格拉姆时细节刻画得也很生动，此刻，面对他急需说服的简·爱，更应该援引哪怕一点儿例证，但他却匆匆带过，赶紧去说下一件事：伯莎疯了。

伯莎是在罗切斯特获得操控权之后疯的，他的父亲和哥哥相继去世，他获得了大笔财产，然后，伯莎就疯了，罗切斯特对她的忍耐到了极限——即使她已经被关了起来。他说他想要自杀，但是一场暴雨让他改了主意，他决定带她回英国，找个可靠的人看住她，他自己去浪游世界，结交各式情妇，然后再将她们一一唾弃。

罗切斯特对于女人的口味很相似，伯莎跟他后来遇到的英格拉姆都是丰满性感型，她们和法国情人的相似处是都对他不忠诚。他总是先与她们逢场作戏，再不欢而散，这不断重复的宿命，难道与他的口味没有关系吗。

（三）

我没法说服自己不去猜想，曾几何时，罗切斯特对于肉感的女人别有偏好，肉欲的巅峰之后，那些不快乐的记忆，让他心灵的天平又想去寻找灵魂的救赎者。白纸一张的简·爱因此进入他的视野，她清澈、单纯又好奇，就像一个刚踏上社会的女实习生，视野有限，经济困窘，不可能有过于芜杂的感情。

他跟她痛说革命家史，给予她物质上的馈赠，要带她去天涯海角，就是没法和她结婚。他希望这个情人装聋作哑，暗地里与他夫妻相称，他试图在妻子与情人之间形成阻隔，保持现状的平衡。简·爱和罗切斯特的故事如今也屡见不鲜。

但无奈简·爱并没那么容易被控制，她主意大着呢。首先她不愿意没有名分地和这个男人在一起。其次，我也怀疑，以她之机警，不见得看不出罗切斯特是一个怎样的人。他的每一位前任，都被他诋毁，他的语气是那样刻薄与凉薄，而之前，他自己也不得不承认，他是爱过对方的。简·爱如何能确定，此刻貌似被深爱的自己，不落到那个下场？这也是很多婚外情的一个坎儿，背叛者恒背叛，既得利益者，也无法相信自己永远如此幸运。

罗切斯特赌咒发誓自己待她不同："你身上的每一个原子，都像我自己身上的一样亲。即使有病痛，也仍旧一样亲。你的心灵是我的宝库，哪怕它破碎了，依然是我的宝库，要是你发了疯，紧抱你的将是我的双臂，而不是紧身背心。你的乱抓乱咬，即使疯狂暴怒，对我来说也别具魅力。要是你像今天早上那个女人那样朝我猛扑过来，我会用拥抱来迎接你，亲爱的程度至少和约束的程度相仿……"

罗切斯特一向善于抒情，用现在的话说就是善于撩妹，但问题是，你信吗？感情如浮云，有聚有散，本性却坚如磐石，不易更改。

回望罗切斯特的情事，从来都是力量而非品性决定着他的走向。当他力量不够强大时，他忍耐伯莎，一旦获得加持，他就宣布她疯了；他讨好法国情妇的方式是给她钻石、马车、仆役、公寓，当他发现自己被背叛了，也可以果断收走，不再有牵连；对英格拉姆就更过分，就算英格兰姆虚荣势利，也是人家自己的事，他有什么权力以自己的财产为诱饵，将人家玩弄于股掌之上，当她完成了自己的历史使命之后，他又略施小计，将对方一脚踢开？

想让罗切斯特变厚道很难，但既然是力量决定他的走向，抽取这力量，就可以把他变得坚贞，以及，因为虚弱而显得相对温厚。

接下来的情节，仿佛是围绕这个目的而展开，简·爱离开罗切斯特的庄园，获得了遗产，还获得了一个英俊男子的求婚。在她被注入各种新能量的同时，罗切斯特的力量被削弱，“疯女人”纵火，他的眼睛被烧瞎了，“疯女人”也死了，所有的障碍都被排除，简·爱可以高高兴兴地和罗切斯特在一起了，不再有任何疑虑。

说起来“疯女人”的人生也很悲惨，也就是婚前活得欢快一点而已，一结婚就被丈夫讨厌，发了疯，被囚禁，最后把自己给烧死了。在遥远的当年，我并未对她有一丝同情，在罗切斯特和简·爱的叙述框架中，她是罪有应得，如今，我冷眼看过去，她的人生，太像一个比喻：

家底深厚的女人，投资了一个没有钱的男人，男人逐渐得势，看她百般不顺眼，她的挣扎更被视为疯狂。他将她困在家中，自己去寻欢作乐，她怨恨日深，想要报复，最后却把自己给作死了。如果“疯女人”有机会写一本书，焉知真相不是这样呢?

《简·爱》的作者没有给“疯女人”一点儿话语权，她封闭“疯女人”，比罗切斯特更彻底。这一点，让她有失大家风范，我们看《红楼梦》，就算作者最讨厌的赵姨娘，作者仍旧借了尤氏的口，称她为“苦瓠子”，并且讲述了许多凤姐欺负她的细节。

如果说，曹公写红楼，是为了还原旧日，让自己能够重回过去，夏洛特写这部小说，有点像曹公讽刺的“他也想一个佳人，所以编出来取乐”，《简·爱》里，有太多意淫的成分。

这部小说，带有一点自传体性质，罗切斯特的原型，是夏洛蒂在比利时学习法语时的老师埃热先生，尽管埃热先生并不像罗切斯特那么热情，但夏洛蒂的主动已经令埃热夫人十分不快，夏洛蒂将这失意化为动力，写了这么一篇小说。

她尽情地想象埃热的爱，把和她已有芥蒂的埃热夫人塑造成一个疯子。所谓“疯了”的诊断，不过出自她难以发泄的恶意，也许，在每个厌倦了妻子的男人口中，在每个觊觎者心中，那个不够和气的原配都是疯子。

至于简·爱对罗切斯特的一度拒绝，不如看成是她脑海里的一场战争，而最终的结尾是疯女人死掉，罗切斯特变得更容易掌控——我不还原了，不然显得我太恶毒了。

但在许多年前，我并不这样看，《简·爱》的那段对白，多少七零后能出口成诵，“你以为我穷、低微、不美、矮小，我就没有灵魂，没有心吗？——你想错了！……要是上帝赐给了我美貌和财富，我也会让你感到难以离开我，就像我现在难以离开你一样！”

这句话简直是我们的心声，在我们难免会感到自卑的青春期，当我们总是以仰望的姿势面对暗恋的对象，这几句话总是荡漾在我们心里，简·爱成了我们的代言人，我们自然要站在她这一边，对她说的每一句话都深信不疑。

在我们年轻的时候，很容易被作者牵着鼻子走，迷信名著是其一，另一方面，也是我们自身弱小，很容易被迎合，被安慰，被作者催眠，循着他们的指引，一点点走入迷宫深处。“无欲则刚”这个词，其实也可以用到阅读里，只有欲望渐少，才不会被作者欺瞒，也才能从字里行间渐渐窥到一点真相。

安娜·卡列尼娜：越堕落，越迷人

（一）

据说名著就是那种人人都希望自己看过但都不肯去看的书，我拖到今年，才翻开著名的《安娜·卡列尼娜》，看着就觉得不对劲，贴不上我长期以来的印象。

评论里都说安娜热情美貌，却按照俄罗斯的婚姻传统，嫁了个老干部——非眼下大热的那种老干部，一个大她很多的高官而已。他刻板无趣而且踧踖，让安娜生活得很痛苦。她大胆追求爱情，却被全社会迫害压制，最后卧轨自杀，以死抗争。

这样的安娜令人同情，她丈夫卡列宁，算是一个间接的刽子手了。但是，看文本里的他，却没那么可憎，他和安娜，说不上是谁害了谁。

卡列宁首次出场，是去火车站接安娜，安娜一见他就很不爽，发现他的耳朵很丑陋。什么样的耳朵是好看的呢？有人觉得小耳朵秀气，有人觉得大耳朵福相，还有人认为招风耳比较萌……当你说讨厌一个人的耳朵，其实你是在说讨厌这个人。

安娜的确讨厌丈夫的一切，他唇边讥讽的微笑，他疲倦的大眼睛，还有他说的话："哦，你看，你的温存的丈夫，还和新婚后第一年那样温存，望你的眼睛都望穿了。"

安娜听出了讥讽的意味，也许卡列宁确实语带调侃，但若是太认真地说这些，岂不是太琼瑶？借着点玩笑抒情，才更自然，更有幽默感嘛。

她反应冷淡，直接问儿子的状况。卡列宁继续借玩笑抒情："这就是我的热情所得到的全部报酬吗？他很好，很好……他可并没有因为你不在而感到寂寞，像你的丈夫那样……"

就这还叫刻板无趣？啊不，我觉得他简直可以办个学习班，教一教百分之九十九的男人，怎样积极主动而又不肉麻地向老婆传情达意呢。

在之后的情节里，我们还可以看到他的其他优点：他是一个细心的父亲——尽管后来一度因为妻子出轨对儿子也变得冷淡；坚持阅读，涉猎甚广；保持稳定的情绪；对自己的信仰很忠诚……这些，全部被安娜视而不见，她一心一意地讨厌他。

当然，安娜有讨厌他的权利。不是每个女人都是大叔控，安娜不断重复的一个噩梦，暗示了她对他生理上的厌恶：她经常梦到一个胡须蓬乱的老头，弯着腰拿着铁器在她身上捅，她感觉那个农民并不注意她，却拿着铁器在她身上干什么可怕的事。

这个梦有着太明显的性暗示，农民就是卡列宁，她认为他对自己没有感情，那性事也如用一个冰冷的铁器在她身上捅。

卡列宁爱不爱她是另一说——书中明确地提到卡列宁是爱她的，但这也没关系，就像鲁迅对朱安的爱很无感一样，安娜有权利不接收卡列宁那种爱，也有权利争取更有激情的、更能取悦于她的那种爱。但问题是，从头到尾，我们无法看出安娜是在争取爱的自由，她常常不知道自己在做什么，只是凭着一种小女孩式的任性，根据外部的浪潮做出即时性反应。

（二）

安娜认识了年轻英俊的男子弗龙斯基，他们相爱，闹得满城风雨。在彼得堡的社交界，有点绯闻没问题，善于逢场作戏，是一个贵夫人的基本功，但是动了感情，就是不成体统的。

在某个聚会上，卡列宁在人们的簇拥下侃侃而谈，安娜和弗龙斯基离群对坐，热烈地谈情说爱。满屋子的人都为之侧目。一直信任妻子、并认为嫉妒是对自己和妻子的贬损的卡列宁，也无法无动于衷了。

卡列宁与安娜之间有了第一场比较严肃认真的谈话，确切地说，是卡列宁这方面比较严肃认真。安娜则扮出无辜脸，说："有的时候你不喜欢我沉闷，有的时候你又不太喜欢我活泼。我不沉闷，这使你生气了吗？"

她往顾左右，装出纯真和戏谑的样子，还摸索着头上的发针，说自己困了。即使卡列宁求她看在上帝的份上，直面这件事，她也只是忍着笑，匆忙地说："实在该睡了。"

"他想要和她开诚布公的一切努力，都被她用一道他不能穿透的、愉悦的、迷惑的壁垒挡住了……像一头公牛一样垂着头，他服服帖帖地等待着他已感到举在他头上的利斧。”

这样的安娜让我疑惑，起码这个时候，她并不想像卡列宁那样，戳破真相，她满意于这种苟且，而且以她的方式，让这种苟且安稳地进行下去。

她仍旧经常跟弗龙斯基见面，怀了弗龙斯基的骨肉，却不肯与他私奔。在赛马场上她看到弗龙斯基受伤，当着包括她丈夫在内的无数人的面失态地大哭。当卡列宁再次对她提出警告时，她终于说出：“我爱他，我是他的情妇，我忍受不了你，我害怕你，我憎恶你……随便你怎么处置我吧。”

可是卡列宁能怎么办？他作为高官，不能轻易离婚；如果离婚，他就得指控她与人通奸，这让他觉得难堪；再说他也不愿意她去和另外一个男人在一起。他思来想去，只能是佯装不见罢了。他给她留了余地，却还是在自家的台阶上，遇到了妻子的情人。后者对他鞠了个躬，他咬着嘴唇，把手在帽边举了举。

他的克制并没有让安娜内疚，相反，她更恨他了：“如果我处在他的地位，像我这样的妻子，我早就把她杀死，撕成碎片。我绝不会说‘安娜，亲爱的’。他不是人，他是一架官僚机器。”即使她这样恨他，她依然生活在他的家里。

安娜是婚姻制度的受害者不错，但卡列宁也并非这制度的缔造者，他又占了多少便宜？他的克制、隐忍，只换得安娜极度的鄙视与诋毁，他连呼吸都是错，却无人可以诉说。

卡列宁终于考虑离婚，安娜的哥哥又来求他不要毁了安娜，他们都看出，如若离婚，安娜接下来路途凶险。就在这时，临盆前的安娜得了产褥热，命悬一线，看着安娜陷入癫狂状态，卡列宁原谅了她，接纳了她和她的私生女。

"我要把另一边脸也给人打，要是人家把我的上衣拿去，我就连衬衣也给他……"卡列宁拉着情敌弗龙斯基的手，含着泪，却以一种明朗平静的神情，坦诚地跟他讲自己的心路历程，从打算离婚，到盼望安娜死掉，到完全饶恕了她……弗龙斯基感到惭愧，他试图自杀，子弹跑偏了，弗龙斯基活了下来。

对于三个人，都算是劫后余生，卡列宁决定直面安娜对他的厌恶，让安娜说了算，他对安娜的哥哥说："我愿意蒙受耻辱，我连我的儿子也愿意放弃，但是……但是不弄到这个地步不是更好吗？可是由你办去吧……"安娜的回复是："他一切都同意了，但是我不能够接受他的宽大，我不想离婚……"

避开这种正式的切割，她毅然选择了一条最为害人害己的路：她和弗龙斯基私奔了。

（三）

卡列宁从此变成人们眼里的大笑话，弗龙斯基放弃了他在军中的前途。安娜呢，没了名分、声誉和儿子，将安全感全部维系于她并不真正信任的爱情之上。三个人，一同卷入痛苦的漩涡。

在私奔的女人里，安娜其实算得最幸运的一个，她的情人很有钱，私奔路上她过得很优裕；她的情人也很长情，虽然有时也会为跟过去的生活完全断交而略感空虚，但他通过画画自救，这也是人之常情。

安娜并不满足，她忽略掉弗龙斯基为她放弃的，只念念于她为弗龙斯基而失去的，比如社交界对她的肯定与欢迎。

的确，与弗龙斯基重新回到彼得堡，她受到了社交界的排斥，但这不是可以预见的吗？你背弃了社会的规则，必然被社会排斥，怎么可能“你虐社会千万遍，社会待你如初恋”？就算你觉得这种规则是霸王条约，要抗争，但是不是也可以选一个更有尊严更有效的抗争方式？

安娜怎么做的呢？她置弗龙斯基的反对于不顾，跑到歌剧院去考验社会的底线，当一位先生隔着包厢跟她说话时，他的妻子大闹了起来。安娜认为蒙受了奇耻大辱，对弗龙斯基吼叫：“你不应当使我弄到这个地步的。假如你爱我……”

“假如你爱我……”这是安娜对弗龙斯基的常用语，有时会说出来，有时在心里。弗龙斯基只有作为一个爱者对她才是有意义的：“对于她来说，整个的他，以及他的习惯、思想、愿望、心理和生理上的特质只有一样东西，那就是爱女人，而她觉得这种爱情应该完全集中在她一个人身上。”

除此之外，其他事都一文不值。他去参加一个地方上的选举，稍稍耽搁，她就要以女儿生病的理由，把他召回；她把每一个和他略有瓜葛的女人都视为假想敌，为此与他冷战。

她怒气冲冲，万分委屈，有时又曲意逢迎，弗龙斯基无时无刻不活在她的坏脾气和小心机里，受到的折磨一点不比卡列宁少。

而他也像曾经的卡列宁那样仁至义尽，给她提供锦衣玉食的生活，关心她内心的波动，希望她能够离婚和自己正式结合，也可以给以后的孩子以名分，但只要一提起这个安娜就大发雷霆，等到她终于答应考虑，已经时过境迁。

受辱的卡列宁，收回对她的宽恕，拒绝了安娜离婚的请求。

看上去，安娜陷入了困境，但这是否就是走投无路？事物总在变化中，卡列宁可以从愿意离婚变成不愿意离婚，也有可能某天心有所动，豁然开朗，这世上哪有那么多的一蹴而就，很多时候，我们必须忍耐、等待与对峙。

可是安娜是一个真正的公主，会为了十八层羽绒被下的豌豆夜不能寐。她曾对她的嫂子说："如果有人不幸，那就是我。"说这话时，她衣履光鲜被情人宠溺，她嫂子却穿着带补丁的衣服，徒有一个屡屡出轨的丈夫。现在，安娜有了更多的理由确认自己的不幸，她放任自己崩溃。

她想一出是一出，想到了就要弗龙斯基立即执行，后者稍有迟疑，就被她视为背叛，口角中，她大骂弗龙斯基的母亲，并且指控他维护他母亲是多么虚伪。她告诉使女，她头有些疼，让弗龙斯基回来后不要进自己的房间，当弗龙斯基遵嘱而行，她认为他已经不爱自己了。

他去母亲那里处理一些关于财产的事务，她分分钟不能忍，写信，发电报，还要跑去大闹一场，揭穿他的真面目。到了火车站，她想起当年刚刚与弗龙斯基相识时，身边正有一起卧轨事件发生，便临时起意，躺在了铁轨上。

她如愿以偿。她死后，弗龙斯基无比痛苦，一蹶不振，要到战场上去送死。可是，所谓"敢爱敢恨"，难道就是导向这自毁的激情？安娜到底是怎样把自己弄到这一步的？

（四）

不妨把她和另外一个私奔者做个对比，张爱玲笔下的“红玫瑰”王娇蕊，她和安娜一样，是欲望汹涌的女人，她爱上了丈夫的朋友佟振保。当她确定了这爱情，立即写信去与丈夫做个了断，佟振保却惊惶地生了病，要她跟她丈夫说，她只是开个玩笑。

她十分错愕，却没有一句抱怨，“飞快地一下，她已经站直了身子，好像很诧异刚才怎么会弄到这步田地。她找到她的皮包，取出小镜子来，侧着头左右一照，草草把头发往后掠两下，拿手帕擦眼睛，擤鼻子，正眼都不朝他看，就此走了。”

之后佟振保听说她和丈夫协议离婚。数年之后，佟振保已经娶妻生女，在公交车上，与王娇蕊不期而遇。此时的她算不上美，“很憔悴，还打扮着，涂着脂粉，耳上戴着金色的缅甸佛顶珠环，因为是中年的女人，那艳丽便显得是俗艳。”

“憔悴”与“俗艳”都不是好词，放到王娇蕊身上，却有一种生命的质感，她不像安娜最后时刻依旧风情万种，但是，她的这种憔悴的、残破的俗艳，是与命运搏斗过的痕迹。

书中说得简单，她再嫁姓朱男子，生了孩子，都是很普通的情节，那种惊心动魄之感，从她和佟振保的对话里透露出来。

“振保道：‘那姓朱的，你爱他么？’娇蕊点点头，回答他的时候，却是每隔两个字就顿一顿，道：‘是从你起，我才学会了，怎样，爱，认真的……爱到底是好的，虽然吃了苦，以后还是要爱的，所以……’振保把手卷着她儿子的海装背后垂下的方形翻领，低声道：‘你很快乐。’娇蕊笑了一声道：‘我不过是往前闯，碰到什么就是什么。’振保冷笑道：‘你碰到的无非是男人。’娇蕊并不生气，侧过头去想了一想，道：‘是的，年纪轻，长得好看的时候，大约无论到社会上做什么事，碰到的总是男人。可是到后来，除了男人之外总还有别的……总还有别的……’”

王娇蕊和前夫离婚后，孤身一人在中国，从容颜上看也是吃了很多苦的样子，但这女子能从苦中尝出蜜来。

佟振保负了她，她却由此得知，认真爱，是一件多么好的事。命运的洪流滚滚而来，她于浪潮中站住脚，稳住神，她说她不过是往前闯，碰到什么就是什么。她对境遇无预设，勇于见招拆招，由此看到更大的世界，遇见更多的自己。谁说张爱玲只见人生的千疮百孔？她在王娇蕊身上展现怎样一份人性的光明！

很像那个著名的童话，《海的女儿》，最初，小人鱼也曾想得到爱，借助爱，获得不灭的灵魂，当这个愿望落空，王子爱上别的女人，巫婆告诉她，杀死王子就能解除魔咒。这是一个暗喻，让她像安娜那样通过愤怒解救自己，但小人鱼终于还是扔掉手里的匕首，天使把她接到天上，告诉她，通过做善事，一样可以获得不灭的灵魂。是啊，王娇蕊也说，除了男人之外，总还有别的……

相形之下，安娜只是伸着手要，要真爱，要儿子，要被尊重被欢迎，更时刻被爱人重视，她把自己当成一个小女孩，装作没心没肺，想得到更多的玩具。稍不如意便乱了阵脚，慌乱之下就勃然大怒，她是这样脆弱、这样容易被摧毁的女人，原该隐居于家园之中，却非要跃身于爱情的江湖，将此间当成专为她建造的乐园，发现不是，就以自毁般的激情，要砸它个稀巴烂。

“为爱生为爱死”这种词，看上去很好看，但细究起来，是不是有些太单薄呢？

托尔斯泰为什么要塑造安娜·卡列尼娜这样一个人物，他对安娜又是怎样一个态度，是很费嫌猜的事。伟大的作家就是这样，他们笔下的套路，往往是圈套。在小说中，托尔斯泰多次通过许多人的眼睛，描摹安娜的妩媚动人，那种生机勃勃的美。可是，他写她的愚蠢与泼悍时，也毫不留情。

托尔斯泰写这篇小说时，曾说，我要塑造一个堕落的女人。评论家许子东认为，托尔斯泰初衷是这样，但写着写着，作家自己爱上了这个一开始他准备批判的女人。

这是一种思路，但是，会不会有另外一种可能，这是半句话，剩下的那半句是：可堕落是迷人的。所以他并行地写她的美和愚蠢，她的“生机勃勃”，源自她身上那直接的、肤浅的愿望，即使我予以长篇大论的批评，却也不得不承认，安娜式的随波逐流，比王娇蕊式的天人之战，更诱人，也更过瘾。这是人世里的矛盾之处，给我们留下了无尽的言说空间。

从包法利夫人脸上我看到无数小城文青

最近返乡，惊闻一个亲戚被抓了起来，罪行是在面包车里藏了个能鉴定胎儿性别的B超机，流窜于四里八乡，服务于那些打定主意要生个男孩的人家。

这当然罪不容赦，但我还是有些感慨，记起多年前他曾借给我《人生》《平凡的世界》等小说，那些励志的句子下面，都被他重重地画上了线。

起初，他也曾像高加林或是孙少平那样艰苦地奋斗，养过兔子，跑过运输，种过果树，但收入都寥寥。早在二十世纪九十年代初，他就试着在本乡的池塘里饲养大闸蟹，吾乡人从未见过这么大的螃蟹，都惊呼“螃蟹成了精”，可惜一场暴雨冲刷而下，那些螃蟹顺水逃离。

他开始觉得自己运气不好，老去算命，但依然关注电视上农村节目里的各种致富项目。两年前，他终于发了财，说是成立了一个医疗机构，我偶尔遇见他，总见他高门大嗓，眼睛紧紧抓住对面的人，下巴略略抬起，要你看他脑门上明晃晃的成功。我怀疑他心里在扮演小说里的成功人士，所有的用力都是在跟自己飙演技。

他让我想起另外一个人，一个邻居，比他更彻底的文青，老是朝各种文学杂志投稿，屡投不中，他改行去做生意。两百块买一车粮食，一百八十块卖掉，靠赊欠货款运转下来。他做这桩损人不利己的买卖，只为享受那种在做大生意的快感，他把自己想象成了小说中坐在老板桌背后的人。他的下场更糟，被债主追杀，病死他乡。

这些文青共同点在于入戏太深，将书中世界，视为理所当然，将现实眼下，当成待蜕之壳，他们没能从阅读中发现生活真相，却将那些跌宕起伏的情节，当成了生活样本。

然而成功变身的灰姑娘很少，更多的人是穿不上水晶鞋的灰姑娘她姐，他们不惜削足适履，血迹淋漓，依旧事与愿违。

高加林与孙少平，是万千小城有志文青的想象，他们的真身，更近乎福楼拜笔下的包法利夫人。

几年前洪晃曾有篇雄文，叫作《满大街的包法利夫人是怎样养殖出来的》，从标题到内文都一如既往地透着优越感，这也许是洪晃将自己差异化的一种方式。

洪晃眼中的包法利夫人是这样的："典型的高不够、低不就，心比天高，命比纸薄。用上海话说，就是很'作'的女人，用北京话说，就是个'不省油的灯儿'。"

她说："养殖包法利夫人还需要一个大环境。首先，包法利夫人出生的小县城要达到小康生活水平——旅店得有四星级的，超市至少是华联的，还要有七八个卡拉OK和足底按摩。然后，一定要有小资的精神境界——不现实的爱情观，对社会地位无休止的向往，以及大量时间在网上阅读爱情小说，保证包法利夫人长大以后可以去狂爱自己搞不明白的东西，比如：艺术，或者男人。"

洪晃一出道就以见多识广著称，自然可以自居为搞明白了"艺术"和"男人"的女人。即便如此，她的优越感也不会引起大多数小城女人的敌意，因为洪晃接下来又将包法利夫人定位为住在苏州的别墅里穿La Perla内衣使用L'OCCITANE全身护肤品的女人。

对于前者，洪晃的理由是："谁会买好几千元的内衣伺候一个已经为了养家累得没神儿的丈夫？"至于无辜的

L'OCCITANE，洪晃说得更理直气壮："职业妇女就注重把脸保护好了，对身体比较忽略。"

弹指一挥间，沧海桑田，如今穿昂贵内衣和使用身体护肤品，不说明任何问题，这不是重点，重点是，在我终于看完《包法利夫人》，发现，她并不是一个住在苏州别墅、穿昂贵内衣和使用身体护肤品的"那种女人"，我在她脸上认出了无数小城文青，包括，我自己。

包法利夫人就是个典型的女文青。女的，不老成的，总是调动所有的热情与矫情，跟文学、文艺作品热烈呼应的那类人。

包法利夫人本名爱玛，是个小镇姑娘，十三岁，父亲把她送进了鲁昂的修道院学习，起初她也曾很享受修道院的宁静，相熟之后，她的本性水落石出。

修道院院长会在周末读几段《基督教真谛》，书名严肃，却是个小说集。"浪漫主义的忧郁，回应大地和永生，随时随地，发出嘹亮的哭诉，她头几回听了，十分入神……她看惯了安静的风物，反过来喜好刺激。她爱海只爱海的惊涛骇浪，爱青草仅仅爱青草遍生于废墟之间……"

这不安于室被修女们窥破，她们不再喜欢她，但这对爱玛并不重要，她在阅读里找到另一个世界，"爱玛有半年之久，一双手沾满了古老书报租约处的灰尘。”

“后来她读司各特，醉心于历史事物，梦想大皮柜、警卫室和行吟诗人。她巴不得自己也住在一所古老庄园，如同那些腰身细长的女庄主一样，整天在三叶形穹隆底下，胳膊肘支着石头手托着下巴，遥望一位白羽骑士，胯下一匹黑马，从田野远处疾驰而来。”

她进得去，出不来，见山不是山，见水不是水，把山水当成有关于浪漫或是爱情的隐喻。她是薛宝钗说的，读闲书把脑子读坏了的这类人。可是，在当年，我们谁不是这样？

我们看了三毛的书，就想像她那样去远方，我们爱看琼瑶的笔下的爱情，以为自己早晚也能遇到。在物质匮乏的年代，我们更是把咖啡当成浪漫首选的道具，尽管那时我们以为咖啡就是雀巢。三毛波西米亚风的着装风格亦为我们追捧，我们认为，那是迈着大步子走世界的标配。

物质生活是一个抓手，是我们进入书中生活的方便法门，而那些深沉的感情、坚定的意志力就没那么一蹴而就，棉布长裙、绣花布鞋、银镯子，成了我们一厢情愿的通关密码。

我们像爱玛那样，以为眼下遭遇的平庸乏味，“是一种例外，一种她不走运，偶然遇见的特殊情况”。我们跃跃欲试地想要去“别处”，通过一桩以比较丰盛的物质生活做底纹的爱情，或者再彻底一点，抛弃平庸的家乡，只身奔赴一座大城。

那时小城文青聚在一起，都会说起去北京，口气里俱是理所当然。它以我们童年便闻知的各种声色，构成了一个“别处”。在我们的想象里，它鼎沸、喧嚣，每一个时刻都戏剧化，每一个角落都意味深长，每一个人都自有来历，绝不会像我们的现实眼下这么松散无稽，这么茫然。

爱玛心中的大城是巴黎，她显然更为执迷。她买了一张巴黎地图，手指顺着道路蜿蜒，平面的地图给了她三维之感，她想象自己游走在里面的街区，在表示有房屋的白方块之前停留。

“最后，她看累了，闭住眼睛，又见煤油灯在暗处随风摇曳，在剧院的柱廊前，一辆辆敞篷四轮马车，哗啦一声把踏板放下。”

她订时尚杂志，关注巴黎的赛马、晚会和初次公演，她了解时装新款，和上等裁缝的地址，这些徒劳无功的事情看起来多么熟悉，居住于小城的我们，也曾将《精品购物指南》和《上海壹周》上的广告看得津津有味。

在《包法利夫人》这本书里，能找到太多女文青的共性。我识出她的灵性与执着，只是当这灵性无法继续发展，上升为智慧，就会变成某种魔障，将她困在其中。

她不是一个人。如果你留心，很容易看到那些脸上带着文青痕迹的人，他们敏感、自负，衣着夸张，说话时，总像被某本书里的人物附身。他们经常被身边的人奉劝现实一点，那时他们就会显得格外骄傲，在激烈的反抗中，确认自己的身份。

吾友苏美曾经写过一本书，书名叫作《女文青这种病，生个孩子就好了》，这种不适当的调侃，激起很多女权主义者上纲上线的愤怒。我也不赞成这标题，因为文青是一种慢性病，大多数人终生都很难痊愈。好在，对于文青来说，病态也不失为一种恭维。更妙在这病不痛不痒，完全可以带病生存，只有极少数人，会病入膏肓，终于致命。

包法利夫人属于这极少数人。鲁昂的修道院的学习，只是她人生里的一个微不足道的分叉，她很快重回现实，一个名叫包法利的医生向她求婚，虽然他像生活本身一样平庸，却是她可能范围内最好的选择。她嫁给了他，跟他去镇子上开诊所，在那里，她遇到她的第一份爱情。

目睹包法利夫人和那个名叫赖昂的文书相爱的过程，我常常会露出会心的笑容，那是我最熟悉的一种恋爱。

他说他喜欢带一本书去牧场看日落。她赞成，说世上就数日落最好看，尤其是海边。

他说，我就爱海！她说，汪洋一片，无边无涯。您不觉得精神更能自由翱翔？凝望大海，灵魂得以升华，不也引起对无限和理想的憧憬？

他说，您有没有过这种经验，有时候看书，模模糊糊，遇见您也有过的想法，遇见一个来自远方的形象，好像展示出来的，全是您最细微的感情一样？她回答道，我有过这种体会。

他说，所以我特别喜欢诗人，我觉得诗词比散文温柔，更容易感人泪下——类似的交谈，还有很多很多。

我们文青就是这样谈恋爱的啊，星星月亮大海，从风花雪月到诗词歌赋，咬文嚼字，只务虚不务实，我们在交换书名中感受灵魂的战栗，确认对方是自己的同道人。而周围人声嘈杂，若有人插话说听不懂，就更让我们显得与众不同。

但这段爱情还没有成型，就随着赖昂去巴黎求学而消散。失落中的包法利夫人，被一个名叫罗道耳弗的有钱人诱惑。从安妮宝贝的小说里我们也可以看出来，一无所有的书生和经验老道的有钱人，是女文青最常规的恋爱对象，之间没有折中。

这是一次实打实的恋爱，包法利夫人想和罗道耳弗私奔，她吓住了这个只是纯为取乐的男人，他落荒而逃。

两次失意，为包法利夫人接下来的疯狂做足了铺垫，当她与学成归来的赖昂在鲁昂的剧院重逢，那种疯狂的爱情，宛如对于所有不如意的报复。

她跟丈夫撒各种谎，与赖昂约会，租昂贵的酒店，买鸵鸟羽毛、中国瓷器和木箱——相对于昂贵内衣和天价护肤品，文青更喜欢这些不着调的东西。她向包括女佣在内的所有人借钱，大笔债务，使得她被一个名叫勒乐的投机者构陷，让包法利先生在不知情的情况下破产。

债主来势汹汹，包法利夫人走投无路，服毒自尽。爱她的包法利先生看到一摞摞情书才发现真相，他呜咽、嚎叫，如癫似狂，但是最后，他对始作俑者之一的罗道耳弗说："我不再生您的气了。错的是命。"

谁说包法利先生平庸懵懂，他是真正的智者，错的是命运，命运让包法利夫人成为那样一个文青，他们善于给自己造梦，分不清梦与现实，在行差踏错的路上毫不自知，没有能力将自己叫醒。

我将自己与她做个对比，一是我更清醒，二是我没有那么强的行动力。当然，这两点也可以相辅相成，我因为清醒而缺乏行动力，我因为缺乏行动力，延长了思考时间，所以更加清醒。我最终没有成为包法利夫人，或是我那个亲戚那一类人。

处境不同，阶层不同，看待事物的角度也不同，自称没有饥饿感的洪晃将包法利夫人视为异类，看到的，是她对于他们贵族阶层的觊觎，不由得心生鄙夷。吃饱了人的会觉得饥饿是一件可耻的事，那种自灵性与阅读中产生的，对于更为华丽精彩的生活的渴望，被洪晃称之为“作”。

渴望有什么错呢？如若你身在小城，胸怀大志，运气不佳，就一定会有渴望产生。我们都曾有过那样的渴望，差别只在于，我的运气好那么一点点，遇到了化解的机缘，而我的亲戚和包法利夫人却没有。

但我同意包法利夫人满大街都是，我曾见有人没有读过太多书，却有着文青式的灵魂，像崂山道士那样渴望在幻象与现实之间自由穿越，最后只落得灰头土脸。我常常会看到她，在此地或是彼地，此时或是彼时，虽然说，成为一个什么样的人是我们的命，但若清醒，这命运从一开始，并不是不可以修订。这本《包法利夫人》也许比那些造梦的小说更值得一读，你能在阅读中识别自己，也将自己唤醒。

你不是潘金莲，但你是包法利夫人

冯小刚的电影《我不是潘金莲》英文译名为 *I Am Not Madame Bovary*（《我不是包法利夫人》），翻译也算煞费苦心，估计曾将西方文学名著里的女性数过来，发现只有这一位，略可让西方观众了解“潘金莲”三个字的精髓。

两人确实有相似处，都曾出轨，都是坑夫典型——潘金莲亲手毒死了武大郎，包法利夫人则在出轨的过程中挥霍无度，不觉间将丈夫那点家产掏空，当债主们气势汹汹地上门，她自己一死了之，她的丈夫后来也在痛苦与债务的围困中自杀。

然而，两人又有大不同。一个中国女人会因为被指认为“潘金莲”就上访多年，要她心中最有权威的政府给个说法——虽然小说与电影里，李雪莲都是一个过于一根筋的女人，可但凡中国女性，都会明白被指认为“潘金莲”是多么严重的被污名化，网民们表达对于王宝强的妻子马蓉的憎恶时，就直称她为“马金莲”。

《包法利夫人》在十九世纪中期的法国问世之后，尽管司法当局对作者提起公诉，指控这小说“伤风败俗、亵渎宗教”，却有很多女人写信给作者，说：“我认得她，我爱她，她像是我的亲密朋友。”连作者福楼拜自己都说：“包法利夫人就是我。”你能想象，《水浒传》的作者施耐庵说“潘金莲就是我”吗？

同样是“伤风败俗”的“坏女人”，待遇为何如此大相径庭？这里面或有中西文化的差异，但更重要的是，施耐庵将“潘金莲”看成一个“女人”，福楼拜却首先将包法利夫人看成一个“人”，她犯的，是全天下人——无论男女，都有可能犯下的错。

潘金莲原本更值得同情。她原是大户人家的使女，出落得漂亮，被主人看中，她不愿意，告到主人婆那里，被主人惩罚性地下嫁身材矮小、形象丑陋的武大郎。可以想象，这样的婚姻，对于任何一个稍有自我意识的女人，都是一种困囿，她因为想有所选择，而被逼到无可选择。

包法利夫人同样处于困囿中，却没有这般残酷。她本名爱玛，是一个乡下姑娘，十三岁时被父亲送进城里的修道院，她在那里阅读浪漫主义的小说，听富有感情的歌，和同学一起看那些诗意盎然的画册，一如我们当年，阅读琼瑶，听周华健，收藏意味深长的明信片。她在修道院里把自己培养成了一个耽于幻想的女人，梦想着将来能够如诗如梦地生活。

但她终究还是要回到乡下去，之后嫁给了查理·包法利，他虽然懦弱平庸，却是她唯一的追求者，她父亲正处处要用钱，看中了包法利先生不会太计较嫁妆。

爱玛的处境，岂不是和当下很多女子相似？嫁一个并不十分满意的人，只因你别无选择。或者是年龄压力，或者是孤单苦闷，你看似自由，但四周都是壁堵，使你只能选那么一个人，和他在一起。

相对于武大郎，包法利先生是更为温柔热情的丈夫，他带妻子去度蜜月，欣赏她，甚至崇拜她，“她有很多地方让他着迷，她有时花样翻新，给蜡烛剪些纸盘，给她的袍子换一道压边，或者给简单的菜肴取一个动听的名字……她要壁炉上摆一对碧琉璃大花瓶，过了一阵子，她又要一个象牙针盒和一枚镀银顶针，查理越不懂这些考究物品，越觉得可爱。它们增加他的官能的愉悦感和家室的安乐，仿佛金沙，一路洒遍他的生命小径。”

他也带妻子搬过一次家，跟武大郎是为了躲避浮浪子弟的骚扰不同，他搬家只因妻子喜欢更大一点的地方。

像这样的丈夫，上哪儿找去？但是爱玛依旧不满，在他们的关系中，她是输出的那一方，他身上，没有她想要的东西。她像谢道韫抱怨丈夫王凝之“不意天壤之中竟有王郎”那样，抱怨没有野心的丈夫：“世上会有这种人！”当女儿诞生，带来更多的麻烦，她苦恼地对自己重复着：“我的上帝，我为什么要结婚？”

她似乎贪得无厌了，但是你能够理解。即使你没有一个让觉得无聊的伴侣，你也一定品尝过生活的无聊。比如在一个死水一般的单位，或是在某个不能满足你精神需求的穷乡僻壤，人人都觉得说得过去，但你总是会想起年轻时遥想过的海阔天空，会忍不住问自己：“为什么，我要在这里？”

“生活在别处”是人们共同的心结，连泰戈尔都说“我心绪不宁，我思念远方”。不同处只是，男人以事业为载体，女人以爱情为载体，福楼拜将包法利夫人的苦闷写得如此真切，大约也是他曾感到过相似的苦闷。文中对包法利夫人的那些苛责，也像是一种自我剖析。

潘金莲没这么多内心戏，她只有扎扎实实的欲望，她看中武松是因为他 “生得这般长大”“必然好气力”。她直截了当地上前撩拨，差点被武松推倒在地，她反诬武松调戏她，从柔情万千，到撒泼放赖的转变，只在须臾之间，作者把潘金莲写得过分现实，让你无法同情她哪怕是受伤的爱情。

爱玛的爱情缠绵悱恻，有一点可以体悯的矫情。她和那个小文书赖昂的爱情是从谈文艺开始的，巴黎戏剧、小说的标题、新式四组舞、对于风景的感受。“他们就这样靠近了，泛泛而谈，东扯一句，西扯一句，但总是回到一个引起共鸣的中心。”

用刘震云《一句顶一万句》里的话说，这就是“说得着”啊。

即使是这样，爱玛也没有像潘金莲那样踅摸着把爱恋的对象扑倒，她的做法和普通人如出一辙，“她没有放手去做，不用说，是由于懒散或是畏惧的缘故，还有羞耻……”她目送赖昂离开了她，去巴黎求学。这种情怯多少人都曾有？发乎情，止乎礼，这也能说明，爱玛也曾是个有心没胆的普通女人。

第一段似是而非的爱情，都是用来铺底的，接下来，爱玛遇到的这位罗道耳弗，大概可以等同于西门庆。

他们都强有力地诱惑了失意中的女人，潘金莲和爱玛，都背着丈夫，热烈地与情人一次次暗约私期。不同处在于，潘金莲和西门庆，从一开始就直奔主题，后来在王婆家里除了无休止地交欢，似乎也没有其他事情可干，王婆在楼下替他们把着门，更使得他们看上去毫无廉耻。

福楼拜笔下的爱玛，却是把猎艳者当成了真爱，他的情话让她受用，他那些言过其实的表达，她全部当了真，接受他的洗脑，落入他的圈套，觉得自己成了曾经读过的那些书里的女主人公，“变成了这些幻象的一部分，实现了少女时期的梦”。她的出轨与其说出于欲望，不如说出于把自己变成传奇的愿望。

这就让人替她揪着心了，沉迷于肉欲的潘金莲和西门庆志同道合，而一个想在猎艳者身上寻找真爱的女人，迟早令他生厌。当爱玛提出想和罗道耳弗私奔，并且带上自己的女儿，罗道耳弗整个无语了，心想：“居然有这种女人。”

罗道耳弗偷偷溜掉了，遭遇严重打击的爱玛屋漏偏逢连夜雨，她再次遇到赖昂，这次她打定主意要抓住他——也许她想抓住的并不是他，而是给自己的一个证明，证明自己可以不就此沦入平庸，还可以有被各种浪漫事物围绕着的爱情。

她租房子，买家具，透支了丈夫的家底，当债主们蜂拥而至，她只有死路一条。

把整个小说看下来，你会觉得，爱玛并不是一个邪恶的女人，她是薛宝钗说的“看了些杂书，移了性情，就不可救了”的那种女人。她拥有的资源，配不上她的野心，可这世上绝大多数人，都有着与资源不匹配的野心吧。只是有人忍了，有人忍不住。即使忍了的那些人，也会对她生出同理心来：假如我再朝前探探头呢？心有余悸之余，也会对这样一个女人，有基于同理心的同情。

福楼拜把包法利夫人写成了自己人：她读书太少而又想得太多，资源不够，就拿老本来凑，为了不切实际的梦想可以孤注一掷。她遇到性，遇到爱，就是没有遇到过赤诚相待——每个男人都想在她那里拿到自己想要的，但谁也没有尝试着去了解她。

她更像浅薄虚荣版的王彩玲——就是电影《立春》里的主人公，被好高骛远的迷梦误了一生，可是，她那种即使是不得其路的寻梦过程，也会让我等甘于坠入平凡的人怦然心动。

潘金莲没有这个待遇，作家只写出了她的欲望，没有写出她的血肉筋骨，没有情绪波澜，没有自我挣扎，这些可以和读者沟通的地方完全被省略，唯一可恕的，是她婚姻的原罪。作者在这一点上，也无意于细细勾描，否则，稍用笔力，便可以写出她与武大婚姻的残忍凄厉之处，两个同时被命运围猎的人的相互折磨。可要是那样，潘金莲就无法以“古今第一荡妇”的形象立于世间，也无法用来惩戒后来者了。

潘金莲必须是一个陌生人，以此与读者隔离开来，从勾引到被勾引再到杀人，她在每一个关口动作都很轻飘迅疾，好像全无心理负担，没一点儿人味儿，我们用看社会新闻的眼光看着她，三下五除二，得出一个只和道德有关的结论。

每一个人心中，也许都住着一个包法利夫人，比如我住的这个小区里，曾经三五成群地走动着的那些搞传销的人；比如京城的咖啡馆里，摩拳擦掌信誓旦旦的创业者；比如许多回早早醒来，想到远方还是那么远的我自己，那个时候，我愿意承认，我就是包法利夫人。

但是你一定不愿意接受你是潘金莲，不管你是不是李雪莲。因为潘金莲这个形象是被硬生生地塑造出来的，曾经作为一个道具烘托武松的高大形象，后来又作为一个坏典型来警戒世人。这个形象血肉都太少太简陋。

同样是讲述一个关乎出轨的故事，福楼拜对于笔下的女主人公有着更多的同情——这同情不是可怜，不是悲悯，而是与她同呼吸共感受，他同情的不是一个女人，而是人性。最后，连包法利先生都宽恕了妻子，他说：“错的是命。”

施耐庵不打算同情任何人，不同情武松，不同情宋江，不同情那些被梁山人弄死的无辜之人，他当然更没心思同情这个出轨的潘金莲，他只想表现现实中的各种冷与硬，容不下幻想，更容不下绮念，人人都在为欲望与人撕咬，个个都是满手血腥。

假如福楼拜来写潘金莲，或是施耐庵来写包法利夫人，又会是怎样？潘金莲会不会获得赦免，包法利夫人会不会万劫不复？同样的一个人，落在他们笔下，也会有所不同，比如去年曾轰动一时的，被囚犯所勾引的狱警的妻子，如若她被福楼拜所书写，跟她被施耐庵所书写，一定判若两人。

就写女人这一块，肯定是福楼拜更加卓越，面对一个出轨并坑夫的女人，他没有本能地生出属于男性的恐惧，而是尝试着，对她伸出自己的手，温柔地听她诉说。而施耐庵，他没兴趣直面潘金莲，只想把她打发掉。这其间差异，是冯小刚与他的团队所不能了解的，他们远远地看着，觉得潘金莲和包法利夫人，都是一个样。

郝思嘉，爱上一个认真的消遣

几乎全佐治亚州的男孩子随郝思嘉挑，她却偏偏想嫁给卫希礼。她一直记得最初心动的那个时刻，他骑着马从远处来，穿着雪亮的长靴，朦胧的灰眼睛盛满笑意，金色发丝映在阳光里，像戴着一顶银冠，他对那个痴痴凝望他的女孩说：“思嘉，你长得这么高了。”说完就走上台阶，离她而去，声音却还在她心里，像音乐一般漫长，而且响亮。

谁说惹祸的总是月亮，阳光一样会让人产生幻觉：为什么会爱上你？只是因为那天阳光很好，而你又刚好穿了一件白衬衫。最初的爱恋，总是一片耀眼的明晃晃。

但是卫希礼要娶的，是表妹媚兰，他的家族有中表通婚的传统，可也不绝对，媚兰的哥哥，就对卫家姑娘不感兴趣，一个劲儿跟郝思嘉献殷勤。还是卫希礼对郝思嘉没意思，他说得很清楚，媚兰才是跟他一样的人：“她是像我的，是我的血统的一部分，我们互相了解……除非两个人彼此相像，否则结过婚绝不可能有安稳日子。”

郝思嘉听不进去，她单知道她美，她可爱，她让所有的男孩子都发了狂，卫希礼怎么可以是例外？

况且他又是那么好看，他的马术全州第一，他却喜欢谈欧洲、书本、音乐还有诗歌，郝思嘉听不懂，但她依然喜欢听。卫希礼的气质很像她那出身贵族的母亲，尽管郝思嘉本人和她那来自于爱尔兰的父亲一样豪放，她也跟她父亲一样，是崇拜着她母亲的。

她不甘心就这样出局，央求，哭泣，摔了一只花瓶，打了卫希礼一耳光，愤而嫁给了媚兰的哥哥察里，还好胜地要求婚礼赶在卫希礼夫妇前面。也算是轰轰烈烈，但究竟敌不过时代，他们的婚礼刚刚结束，卫希礼和察里都上了战场。

长达四年的南北战争开始了，它像万里长风，来势汹汹，掀动每一根草芥，也点燃了男孩子们的英雄梦。察里原本也有一腔豪情，可惜，他的人设本来就活不过第二集，要是为理想殒身倒也还好，一场肺炎就让他送了命。他死得这样滑稽，对郝思嘉影响倒不大，察里在，或者不在那里，她总归是要爱卫希礼。

她以寡嫂的身份搬去和媚兰同住，很不得体地趁媚兰外出，偷看卫希礼写给妻子的信，她要知道卫希礼到底最爱谁，以为能从信件的口气上见分晓。

一看到那些信，郝思嘉就笑了。“他的信写得多蠢”，郝思嘉想，“要是我的丈夫也给我写这篇废话，看我不骂他一顿才怪！真的，连察里的信都比这个强。”

看到这里，我这个读者也要苦笑。卫希礼一直说她没有想象力，她的无知，曾让察里震惊，让旁观者卫希礼对察里投来同情的目光。她和卫希礼，根本就是两路人。卫希礼写给媚兰的那些掏心窝子的话，多痛啊，郝思嘉却看得几乎要打个哈欠。

不妨来看看，卫希礼都对媚兰说了什么，他确实不曾对她谈情说爱诉相思，他讲的，只是他绝不可能对别人说出来的那些话，他在这个时代里的彷徨。

同那些热血的年轻人不同，卫希礼对于这场战争，没有任何热情，他的问题在于他读书太多同时又想得太多，在群情激奋中依旧能够独立思考：

“喇叭不能激动我的血，鼓声不能加紧我的脚步，我已经看得明白，我们是被出卖了，被我们这种傲慢的南方自我观念出卖了——我们是相信一个南方人可以扑灭一打北佬的，相信棉花大王可以统治世界……当我躺在毡条上仰望天星的时候，我总禁不住要问自己：‘你究竟为着什么而战？’我想到了州权，想到了棉花，想到了黑奴，想到了父母师长们从小就教我们怀恨的北佬，我认定了其中没有一样是我在这里打仗的理由……”

他没有保护奴隶制的激情，以前就想好了等他继承家业就把奴隶都放掉，不会被政府宣传的那一套所煽动，若只是这么一种思路，他只需要保持一种积极的消极即可，可对于旧时南方，他却也自有深爱：

“我记起月光怎样斜照进那些白柱子里来，记起山茱萸花开得如同仙境，记得走廊两边的蔷薇藤下的阴凉，我又看见了母亲坐在那里做针线，还跟我孩提时一样。我又听见黑奴们一路唱着歌从田里回来，听见井上的轱辘在那里咯吱咯吱地汲水……唯有这一切，才是我这不爱死，不爱贫困，不爱荣誉又与任何人都无仇无恨的人所以置身战场的真正原因。所谓爱国心，就是像我这样对家园和乡土的爱吧。”

这些东西，构成了他的时代：“我拿生命来拼的，是旧的时代，旧的生活方式，然而这种生活方式我怕现在已经就完了，无论这骰子掷出什么来，怕都已无可挽回了。将来我们胜也罢，败也罢，都同样要丧失了。”

战争炸开了通向新时代的门，无论谁输谁赢，新时代都势不可挡，卫希礼的心中放着几重的矛盾，他有点像那个投水自尽的王国维，对旧时代的问题看得一清二楚，但那问题重重的时代，却是他们灵魂的故乡。

他们不打算螳臂当车，也不想妨碍别人，王国维唯有以死殉了时代，卫希礼还想活下去，只能与痛苦对峙纠缠。

他把这些话说给媚兰听，相信她能懂，愿意懂，那懂得就像一双手，将他没着没落地下坠着的痛苦接住，他说，媚兰是旧时代于他的遗存，最最温柔的一个梦。郝思嘉完全看不出，她觉得收到这样的信很丢脸，没有想念，没有热切的欲望，甚至连一点冲锋的豪情也没有，都没法拿到人前去念。她因此沾沾自喜，以为卫希礼依然爱着她，她暗暗讥笑媚兰蠢，看不出她的丈夫只把她当成一个朋友。

从这一段里可以看清一件事，在郝思嘉的爱情观里，懂得是最不重要的一件事，她根本就不算去懂得卫希礼，他的所思所想只让她感到厌倦。

她可能也不希望男人懂得真正的她，对付异性的办法总是“故意把酒窝抿得深一点，浓黑的睫毛像蝴蝶翅膀似的眨个不停”，有次听到媚兰跟卫希礼说“关于戴克理的作品，我怕不能跟你同意”时，她几乎要笑出声来。

“原来她也不过是个书呆子……你要使男人家感兴趣，并维持着他的兴趣，就得拿他做谈话的中心，然后绕着圈子，把话引到你自己身上来，再也不要放开去……”如果是郝思嘉，她会说：“你是多么令人钦佩啊！”或者：“你为什么去想这种事情呢？叫我想去这种事情来，我的小脑袋儿都要裂开了！”她拒绝碰撞沟通，只要他们为自己心动。

郝思嘉的办法是有效的，当她用扇子拍着那些男孩子的肩膀，笑靥妩媚地说他们“胡说八道”，声称再也不相信他们的话，他们总会像一头小公牛似的接收到某种暗示，为她如癫似狂。

这点情欲，足够使察里以及汤家兄弟等人涌起向她求婚的欲望，但在卫希礼这里是远远不够的，所以尽管她一再地动用洪荒之力——原谅我使用这个时髦的词，郝思嘉在追求卫希礼上，使的劲儿确实太大了点，除了去懂他，她什么都愿意做。

郝思嘉与卫希礼之间的相互输出，总停留在一个浅层次上。郝思嘉原本就简单，向男人们输出的还要更简单，无非是，我多美，我多有人气，可是我对你另眼相看呢。她想打动卫希礼的手段居然是，设法吸引更多的男孩围绕在自己身边，刺激卫希礼的虚荣心和好胜心。在她的爱情战术里，她总想刺激对方最为愚蠢的那一部分。这常常是有效的，我们蠢劲儿上来时，比我们聪明的时候更有行动力。但卫希礼，却是一个不肯做傻子的人。

对于卫希礼呢，郝思嘉能接收到的只是“他很帅，他看上去很聪明”，他不像别的男孩那么殷勤，使他显得更加强大，尽管，这种强大，并非卫希礼的本意，却是郝思嘉喜欢的。

郝思嘉的爱情，多像我们年轻时想象的那种爱情，“临去秋波那一转”的曼妙，“天雷勾地火”的炙热，我们以为爱情必须这样简单粗暴，若是沟通、甄别、深入探索，好像这爱情也打了折。

这是一方面，另一方面，是否也是不敢更了解对方，若不了解，你还能借用想象力，对对方任意添油加醋，一旦真相放在眼前，他不是你要他成为的那个人，或者爱意消弭，或者认清现实，这个游戏也就没法玩下去了。

所以你会看到郝思嘉与卫希礼总是在较劲，她一直对他说，我爱你，爱我吧，你是爱我的。他一直对她说不。他比她更了解自己的感情，只是，与王国维不同的是，他还有求生的欲望，他想在新时代里活下去，就不得不接受新的事物，有那么一个片刻，他被郝思嘉的生机勃勃所吸引，片刻之后，他依然清醒过来。

郝思嘉以为这就是阶段性胜利了，骄傲的女孩，经不起一点成功的撺掇，就想攻城略地，斩获更多。

有许多机会，让她能够了解他是一个怎样的人，比如那次他俩拥抱被他妹妹英弟看见，英弟向媚兰揭发，媚兰痛斥英弟他们说的都是谎言，卫希礼没有像个男人那样站出来。他这样做自然是为了大局着想，郝思嘉却为他的敢做不敢当而隐隐失望，但她最后成功地视而不见了，他之于她，最重要的是一个暂时还没有完全被征服的人。

她对这游戏太执迷，一定要看到胜利，媚兰的死去，使她终于看见曙光。眼看即将达成所愿，她突然认清，这一路磕磕绊绊的爱，不过是爱上一个认真的消遣。

这从第一回就开始的爱，最后，是这样一种总结："我所爱的那件东西是我自己创造出来的，世界上并没有那件东西。我自己做了一套美丽的衣服，就对它爱起来了。当初卫希礼骑着一匹马儿来——他那么英俊，跟现在完全不同，我就把那衣服套他身上了，也不管他是否合适，而且我也不肯看清楚他到底是怎样一个人，我一直爱着那套漂亮的衣服——而根本不是他本人。"她确认了，他们之间壁垒森严，从未曾互相输出过什么。

“上帝说要有光，就有了光”，你说要有爱情，就有了爱情。那个第一个从远处骑着马飞奔过来的人，无辜地被你披上了爱的金甲，你从此悲喜仿佛都围绕着他展开，其实，你围绕着的，不过是心中的那件衣服。

这种美丽的错误，不只是女人会犯，男人也会犯。张兆和最初不过是个本分的漂亮女生，看不上老是流鼻血的沈从文，沈从文却就爱她的那种冰冷，视为一种迷人的理性。他写了很多信，让张兆和认为他爱自己如痴似狂，终于成为他的妻子，他却又爱上了女作家高青子，并且困惑于，那样智慧的张兆和，为何不能理解他同时爱上两个人。

沈从文和张兆和，心里都有一个虚拟的对方，借两个人的肉体与虚拟的幻象恋爱，如胶似漆，鸡同鸭讲。直到晚年，张兆和表示她依然不能懂沈从文，退回到年轻时候，他们却都没把那种不能懂得当成一回事儿，以为有了“爱情”就什么都可以。

传奇里总是放大初见的奇妙，“一见杨过误终身”“墙头马上遥相顾，一见知君即断肠”，有多少诗歌、剧本将初见描述得意义重大，却不肯细细展现相知的过程，以至于两个看似爱得水深火热的人，却都不曾越过对方的藩篱，一个小小的闪失，就能让建立在黑洞上的爱情彻底幻灭。

可是，我们又如何来评判这一切呢？互相懂得当然好，但懂得终究是件太难的事，若是不可得，给自己一个替代品可不可以？如果承受力够强，也许爱上一个认真的消遣也无妨，毕竟，人生太寂寞，也太长。

白瑞德：佯狂真可哀

《飘》里的郝思嘉，固执地痴爱卫希礼，看得旁观者直跳脚，怪她不懂白瑞德的爱。

相对于卫希礼的静如深水，白瑞德始终是实力宠溺，他英俊如金币上异教徒的王子，多金得像是能买整个天下，三教九流皆有来往，超强的办事能力是作者特地帮他开了挂，借用周迅当年对李亚鹏的那句赞美也不为过："他满足了我对男性的所有想象。"

多年之后重读《飘》，发现相对于郝思嘉的误解，我们对白瑞德的误解更深，竟然只当他是一个好情人，看上去举重若轻的他，实则一直处于一个人的战争里。他放荡不羁的生涯，可以借杜甫说李白的一句诗来总结——“佯狂真可哀”。他的爱里，负荷太多。

白瑞德初次出场，是在卫家庄园“十二棵橡树”的宴会上，他的处境像杜甫说李白的另外一句诗：“世人皆欲杀”，冠盖云集欢声笑语里，他是被排斥与孤立的一个。

那是一个以卫家诸位高邻为主要宴请对象的聚会，长辈们喝酒打牌，年轻男女暗通款曲，小姐们内心多有锁定的对象，少爷们却向更美的姑娘大献殷勤。人气最旺的郝思嘉，打定主意大放光彩，让准备宣布和媚兰订婚的卫希礼倾倒，改变主意跟自己私奔。这样的热闹欢乐又俗套的聚会中，突然就冒出一个画风迥异的白瑞德来。

他站在不远处，微笑地看着春风得意的郝思嘉，咧着嘴，阴险得像一只野猫，那目光仿佛有穿透力，郝思嘉不由得要把胸衣拉得更高一点。女伴告诉她，此人声名狼藉，曾毁掉一个女孩的声誉，没有人家愿意接待他。

他带那女孩去坐马车，通宵未归，回来后说马跑掉了，车摔坏了，他们迷路了。他拒绝按照规矩娶这个女孩，说他宁可死，也不愿意跟一个傻子结婚。女孩的哥哥与他对决，被他击中身亡，事后他逃出查尔斯顿，恶名远播。这次是他的生意伙伴来赴宴，顺便带了他来。女伴说：“他在这里，我真想象不出卫先生心里什么感觉。”

人们的如临大敌，白瑞德心知肚明，愚蠢似乎不能激怒他，只能让他发笑。更加恶劣的是，他还不愿意掩饰这种幽默感。当那些南方的年轻人，话题变成正在进行着的美国南北战争，嚷着“只消一个月就会干了他们！流氓是打不过绅士的”时，他客气又轻蔑地开口了。

他问那些青年，可曾想过南方没有一个大炮工厂，制铁厂多么少？我们没有一条战舰，而北佬一个礼拜就能把我们的港口封锁起来，那些棉花无法运销到外面去——“当然”，他做出相信的样子，“这些事情你们诸位都是想过了的。”

在主战派里主和，在热血青年中分析现实，都是找死，但有什么办法呢？白瑞德因为诚实而招人恨，不只是这一回。在年轻人的愤怒中，他彬彬有礼地退出，跟主人提出去参观藏书室，就在那里，他和郝思嘉再次不期而遇。

躲在暗处的白瑞德津津有味地看到，郝思嘉把卫希礼叫进了藏书室，提出和他私奔。遭拒后她扇了他一耳光，还摔了一只玫瑰花瓶。待卫希礼离去，白瑞德现身了，让郝思嘉措手不及并且恼羞成怒。

这真不是个好开端，但是白瑞德喜欢。接着郝思嘉结婚、丧夫、寡居，来到亚特兰大与小姑子媚兰同住，混迹于此处的白瑞德，有了与她接近的机会。

他出重金邀请她在集会上领舞，送绿色帽子给穿腻了黑色丧服的她，鼓励她做一切她想做的事，即使冒天下之大不韪。看上去，他不动声色地将她宠上了天，但实际上，他宠溺的，是当初和郝思嘉一样不肯驯服的自己。对于被主流世界唾弃这件事，他并不像表现出来的那么不在意。

他长篇大论地在她面前为自己辩护："……你要知道，我是怎么变成我们白家的一个败类的呢？……就是因为我不曾也不能符合查尔斯顿的标准。而查尔斯顿就可以代表南方，不过更强烈些罢了……有许多事情因为人家一向这么做，我们便不得不做。为了同样的理由，有许多完全无害的事情，我们却偏偏不能做。我自己生平就被许多毫无意思的事情麻烦得不得了……南方曾经一度抛弃我，要我去饿死。幸亏我不曾饿死，而我现在是从南方的临死阵痛里弄到了足够的钱，足以报偿我丧失的生活权利了……"我用了几个省略号，他的原话是这段话的三倍。

他曾被千夫所指，他视为无妄之灾，不认为自己做错什么，除非是拒绝做个被人被制度摆布的傻子这件事。他对郝思嘉的宠溺撺掇，正是对那个被伤害了的自我的声援。

郝思嘉却不能接受这种定位，人了解自己有多难，她明明是个自私、自我、不肯循规蹈矩的家伙，却希望别人认为，她具有被约定俗成的那些美德。她的血液里有她来自爱尔兰的父亲的直接与冲动，但她出身贵族的温文尔雅的母亲却是她心中的偶像。这使得她经常处于一种矛盾中，“她既想在男孩子面前装作一个闺秀，同时又想做那种有求必应的浮浪女人，因此，她心中的冲突无时不有。”

周作人曾说，他心中住着一个“流氓鬼”和一个“绅士鬼”，在郝思嘉心中，则住着一个“淑女”和一个“作女”。“淑女”是外来的，“作女”才是土著，她却维护“淑女”更多一点。爱上卫希礼，固然有天时地利的缘故，但究其根本，还是因为“那个男人的品性是她不具备的，但是她极崇拜那种品性”，“品德无亏”的卫希礼，很像她母亲那一类人。

郝思嘉与白瑞德之间，就有了这样一种阴差阳错，他想打破她虚假的外壳，但她很享受那个外壳，痛恨他的一针见血。如若是太平盛世，这种对峙也许会维持终生，但战争几乎让郝思嘉失去一切，包括母亲。郝思嘉发现，文质彬彬抵御不了这残酷世界，“没有，没有，她教我的事情对于我一点帮助也没有”。有序的时代已经逝去，她没有屏障，只能真身以待。

她必须凶猛、凌厉、强大、不计其余，她杀了一个前来偷盗的北方士兵，获得第一桶金，她发誓，为了保护家人，哪怕做个盗贼。求生本能，使她越来越接近世间真相，经历这种转变之后，她和白瑞德终于走到了一起。

但他们并没有从此过上幸福的生活。

当白瑞德眼睁睁看着郝思嘉放开顾忌，释放自我，他感觉到的幸福并不比痛苦多。卫希礼还可以远距离地欣赏郝思嘉的生机勃勃，白瑞德却常常难免被她的真实所伤。她不爱他，也不装作爱他，她不掩饰能和卫希礼在一起的兴奋，抛开母亲教导她的“仁爱”“温柔”，走向另一个极致，认为金钱能搞定一切，要让所有她不喜欢的都去见鬼。

她对白瑞德的爱意无察觉，常常为他的冷嘲热讽冒火，女儿去世时，她冲到心如刀绞的他面前，骂他害死了女儿，这的确残忍与冷酷，但是，这不是白瑞德一直鼓励的真性情吗？事到临头，白瑞德却发现，这样一个她，并不是自己想要的。

他也还是太不了解自己，他自以为铁硬的心中，同样住着一个“流氓鬼”和“绅士鬼”，而且由于他更聪明，那个“绅士鬼”并不像郝思嘉心中的“淑女”那样只是暂住，它和“流氓鬼”一样，是可以在他心中平分秋色的。

郝思嘉曾很不服气地质问白瑞德为什么对媚兰更好：“我比她美丽得多。”白瑞德回答她：“如果我待卫太太‘好些’，那是因为她值得这样的缘故。她这人很和气，诚实，不自私，实在是难得见的，不过这些好品性也许你不会认识。而且她虽然年轻，我却认为她是我所知道的少数伟大女子之一了。”

他撺掇郝思嘉随心所欲，却推崇媚兰的“和气”“不自私”。他心中的两个“鬼”，依托在这两个女人身上，郝思嘉代表了他的欲望，媚兰是他的理想。欲望生动、强悍与伤人，理想却永远温柔又坚定。

当他一次次大放厥词，说“南方人的这种生活方式，跟中古时代的封建制度一样陈旧”，被亚特兰大人视为卖国贼时，只有媚兰坚定地说，卫希礼也这么说，她不会对一个和她丈夫持同样看法的人无礼。

白瑞德的确与卫希礼有相似之处，他们同样洞察战争的真相，知道南方的没落是必然，但仍然愿意为南方而战——虽然白瑞德一直看笑话似的看亚特兰大人的应战激情，但关键时刻，一种不由分说的力量，让他抛下郝思嘉，上了战场。旧时代像将他除籍的老父亲那样不待见他，但那是他的根，他无法把心底的那点爱剔除干净。

这个骄傲又矛盾的人，心思一层套着一层，他要小心藏好所有的感情，宁可被误解，也不愿意被轻蔑，怎能要求一根肠子通到底的郝思嘉能懂？在小说结尾，他对回心转意的郝思嘉的那通指控，真是不公平。

他说他的爱已经被磨没了："被卫希礼磨没了，被你那种一味固执的坏脾气磨没了……"可是，在过去，这不是你所鼓励的吗？为什么不去问问自己，干吗总是把瞒天过海的功夫做得那么好，让她以为，你要的，不过是她的身体。

他们之间的问题，更应该是一种错位。当他希望她做个真实的女子时，她更愿意假扮淑女，当她终于露出了真面目，他已经老去，更爱那种旧式的完美，希腊艺术般的对称。

他们俩总是不能像《倾城之恋》里的白流苏和范柳原，在某个节点上相遇，一次次的失之交臂，让他们永远无法在某个时刻，对对方轻轻说一句，原来你也在这里。

当媚兰死去，白瑞德失去了通往旧时代的隐秘同道，他无法再借她回家。疲惫的他，只能亲自回归。

他说："我的流浪生活已经到了尽头了……我今年已经四十五，一个人到这样的年龄，对于青年时轻易抛弃的那些东西已经知道珍惜了——比如家族的观念、名誉、安稳等，我要到那些旧城市、旧乡村里去搜寻，因为那些地方一定还残存着一些旧时代的形迹。”这个浪子，到底成了归人，日暮乡关，烟波浩渺。

小说的题目被翻译成“飘”，英语原名是“gone with the wind”——“随风而逝”，主旨在于凭吊一个逝去的时代。电影的名字却叫《乱世佳人》，时代只是个背景板，要烘托出郝思嘉光彩照人的形象。一部表达对于一个时代的孤臣遗恨家国之思的著作，变成了一个迷人的爱情故事，这，不只是《飘》的命运。

曹公写《红楼梦》，不只是为了回顾宝黛爱情，而是要借写作完成一次穿越，回到已经逝去的当初；《桃花扇》里，最动人的文字，无关侯李之恋，而是这样一种惆怅：俺曾见，金陵玉殿莺啼晓，秦淮水榭花开早，谁知道容易冰消，归看他起朱楼，眼看他宴宾客，眼看他楼塌了；连脱胎于《飘》的《倾城之恋》，范柳原也大谈“有一天，我们的文明整个的毁掉了，什么都完了——烧完了，炸完了，坍完了，也许还剩下这堵墙。流苏，如果我们在这堵墙下遇见了……”

但这种种情怀门槛太高，如若不借爱情小说的壳，就没法得到那样大面积的推广。于是，白瑞德成了“国民爱人”，白流苏是失婚妇人交了好运，满足了这些诉求之后，作者偷偷地在其中塞点私货，雅俗共赏，皆大欢喜。

《傲慢与偏见》：被鄙视链推动的爱情

把《傲慢与偏见》和《飘》放在一块儿看，忽而脑洞大开，《傲慢与偏见》里的伊丽莎白和《飘》里的郝思嘉，若有一个穿越到对方的时代里，一定会互相狠狠地鄙视吧？

伊丽莎白的小妹妹丽迪雅，在《傲慢与偏见》里差不多是鄙视链的末端。除了她那个和她一样永远被鄙视的老妈视她如宝之外，她爹班尼特先生都嫌她蠢。更不用说他们那尊贵的邻居——宾格利先生的姐妹们以及朋友达西先生，她各种不得体的言行，几乎影响到姐姐们的婚事。

这个人人得而鄙视之的姑娘到底做了什么？她只是有一些和郝思嘉相似的爱好，跟男人们卖弄风情。驻扎在附近军营里那些身着制服的军官，是她的快乐之源。她有个姨妈住在那一带，拜访姨妈对于她而言，如同参加庆典。

郝思嘉这方面也不逊色，她爱卫希礼没错，但并不妨碍她在展示魅力的过程中得到快乐。《飘》的一开头就写到她的好手段："她故意把一对酒窝儿装得深些，并且将一圈粗黑的眼睫毛飞舞得跟蝴蝶的翅膀一般。她这种姿态，原是存心要那两个男孩子着迷，而他们果然都着了迷。"

后来她成了寡妇，后方的女人们都进医院照顾病人，她照顾的都是一些重伤者，她"恨不得那些病人立刻都死尽"。

"如果那些在调养期中已愈伤兵，是可以容她去施展美丽的话，那么工作还可以比较持久些，因为这样的伤兵里面有很多面孔很好，身份也很高。但她已经做了寡妇，这样的好事是轮不到她的。当时另有一种医院，专住调养期的伤兵，那边做看护的都是人家未结婚的小姐……可以自由地向她们所看护的人去进攻，甚至极难看的女子，也不难立刻就跟人家订起婚来。郝思嘉看见了这种情形，心里就觉得非常之忧郁"。

她尝试着为自己开拓一点空间，比如在窗前"尝试着不露出笑容，不过分热心地对她在医院里看护过的那些男人挥手，但是她很不容易镇服那两个酒窝儿，很不容易装出她的心已在坟墓里的样子——因为她的心实在不在坟墓里”。

这令她丈夫的姑姑震惊，认为有失体统，如果《傲慢与偏见》里的伊丽莎白看到这一幕，大概会站到她姑姑那一边，并鄙夷得更加彻底。

而丽迪雅做的最让伊丽莎白蒙羞的事，郝思嘉也想那么干。丽迪雅和韦翰私奔了，郝思嘉则想和卫希礼私奔。“到了明天晚上，这个时候，她已经是卫希礼夫人了哩，她想象众人多么吃惊，自己偷着乐了起来”。

丽迪雅与她一样不以为耻反以为荣，说起这事儿乐不可支，让伊丽莎白忍无可忍。如若伊丽莎白知道还有个郝思嘉想要跟人私奔而不得，这不齿一定也会翻倍。

尽管郝思嘉更有一些了不起的优点，但从伊丽莎白无心探究丽迪雅的内心世界，觉得她妹妹只会出丑，她对郝思嘉别的那些，大概同样不感兴趣。而且我们也并不知道，丽迪雅遇到重大事件，会不会展现出她的爆发力。

郝思嘉极有可能对伊丽莎白进行反鄙视，她看不上喜欢跟男人辩论和谈思想的女人，认定男人都是视觉动物，与其跟他们掰扯来掰扯去的，倒不如用一个媚眼把他们搞定。

这两位要真是互相鄙视起来，伊丽莎白应该会占上风，她更有经验，况且本来就是家传。

她父亲班尼特先生一生坐在书房鄙视全世界。他在年轻的时候，因贪恋美貌而娶了个蠢太太，他瞧不起太太，瞧不起除了伊丽莎白之外的其他女儿，也瞧不起会被美色迷惑的自己，于是成天各种阴阳怪气，以此抵消内心的悔恨。

伊丽莎白比他多看得起一个人，那就是姐姐简。她们俩是家里两朵出污泥而不染的白莲花，在其他人都成为笑料的情况下，她们姐妹俩依然获得邻居们相对正面的评价。

然而，议到婚姻这个层面，求婚者多少有些迟疑，除了她们老妈疯疯癫癫，妹妹举止轻浮之外，她们还雪上加霜地有个做生意的舅舅，这职业，在当时着实谈不上高贵。所以，尽管宾格利先生对简一见倾心，经他的姐妹和达西略一挑唆，就会立即离开他租住的庄园，和简连一声告别都没有。

书中替他解释，说他的姐妹与达西联手让他相信，简对他并没有多少情意，而落落大方的简，看上去确实也不像已将芳心暗许。但是，恋爱过的男女都知道，若你深爱一个人而拿不准对方是否爱你，难道不是更加想要接近对方，要从对方的一言一行中解析是否有爱意存在，或者干脆直接表白了，以赤诚换取对方的赤诚，怎么可能一走了之？

还是那条鄙视链在起作用，如果简的家庭令人鄙视，宾格利对这桩爱情的忠诚度应该会更高一点吧?

达西破坏了宾格利的爱情，视为自己的功德，他让朋友逃离即将得到许多不堪的亲戚的不幸，却被自己对伊丽莎白的爱情弄得没办法。“我一直在挣扎，但没有用。我控制不住自己的感情，请允许我告诉你，我真的很倾慕你，我真的很爱你。”他终于向伊丽莎白表白。

他的表白没有获得回报，这要怪他自己。接下来“他滔滔不绝地指出伊丽莎白家世如何低微，双方如何门户不对，自己既然宁可身份地位受损也要娶她，足见对她是一片真心”。

他说的都是实话，伊丽莎白应该也知道这一点，但他的优越感太足了，把伊丽莎白气得满脸通红，历数他的傲慢给姐姐，以及她颇有好感的韦翰带来的痛苦。她宣布，哪怕全世界其他男人死绝了，她也不可能嫁给他。

这话说得过于绝对，最后，世界上的男人都好好的在那儿呢，她还是嫁给了他。因为达西改变了，被他的爱情修理了。

痛定思痛，他放弃自己持有的傲慢，全盘接受伊丽莎白的所有，不但对她做生意的舅舅和颜悦色恭谨有加，还为了她，去和拐走她妹妹的韦翰谈判，给了韦翰一大笔钱，要他娶了丽迪雅。最让伊丽莎白震惊的是，他是那么厌恶韦翰，居然为了稳妥起见，亲自参加了韦翰和丽迪雅的婚礼。

这真算是是低到尘埃里。鸽子蛋算什么？巨额聘礼算什么？世纪婚礼算什么？让一个内心骄傲无比的男人，为你戒掉一言不合就鄙视的积习，才是伟大的爱情。一部《傲慢与偏见》，就是由鄙视与反鄙视，推动着情节向前发展。

针锋相对的鄙视能够让两个人在交锋中火花四射，志同道合的鄙视，更能促进感情增长。《简・爱》里，罗切斯特对英格拉姆的鄙视，让简・爱心中大感安慰。罗切斯特犯过和班尼特老先生同样的错，贪恋美色而娶了一个并不真心喜欢的女人，在简・爱出现之前，他对连同自己在内的世界都无限鄙视，当他遇到他可以尊重的简，他被救赎了。

可见，“鄙视”这件事，虽然没有“愤怒”“厌恶”来得激烈，但有时更能引发重大的转向。有个段子说，一句“某某是傻×”足以让两个不太熟悉的人感情瞬间升温，阮籍擅做“青白眼”，也为他赢得了不同于流俗的名声。眼下更有一些网红，靠气场宏大的鄙视，赢得无数粉丝的膜拜，若你试着把那鄙视抽离，会发现内中一无所有。

注意，这里的鄙视，指向的并非道德，鄙视的对象不是偷窃、抢掠这类损人利己的事，而是更加私人化的品位、调性、阶层等等。

据说经典的鄙视链是这样的，看韩剧的瞧不起看国产剧的，看日剧的瞧不起看韩剧的，看美剧的瞧不起看日剧的，看英剧的瞧不起美剧的……连快销品牌都有鄙视链，穿Only的瞧不起穿美特斯·邦威的，穿HM的瞧不起穿Only的，穿Topshop的瞧不起穿HM的——弱弱地说，我大概介于HM和Only之间，那个Topshop我都没听说过。

在社交媒体极度发达的今天，学会鄙视，不被他人鄙视，简直是一门必修课。比如，当一个热门事件出来时，你会发现，首先有些人发声，然后这些早发声者一定会被后来者鄙视，然后又有后来者，再进行反鄙视。争论最后脱离本题，变成一场逼格大比拼，人人都舌灿莲花，要站到鄙视链的最顶端。

鄙视有时也能暗中修补内心的空缺。可以说，世人或多或少地都会有点依赖鄙视链。电视剧《欢乐颂》里，老江湖樊胜美看不上傻甜白邱莹莹，白富美曲筱绡看不上她眼中的“捞女”樊胜美，比曲筱绡更高等的高智商海归金领安迪倒不随便鄙视谁，但是观众替她把不学无术、小家子气的曲筱绡给鄙视了。能够引领观众迅速进入鄙视链，这部电视剧就先成功了一半。

我们需要用鄙视为自己加冕，用鄙视显示自己鹤立鸡群。连《红楼梦》里的林妹妹，也逃不过鄙视的诱惑。

刘姥姥游大观园那一回，妙玉不许把刘姥姥用过的杯子拿进来，林黛玉则娇俏地给刘姥姥起了个外号叫作“母蝗虫”。为什么全家上下，唯有她二人对刘姥姥的鄙视得最强烈？原因有许多，其中比较重要的只怕是，她们和刘姥姥一样，是荣国府的外来者，要依傍荣国府生存，而薛宝钗不过是借住，所有的吃穿用度都是自己支付。

她们通过鄙视把自己从鄙视链里摘出来，就像伊丽莎白激烈地鄙视她的妹妹们一样。这种办法是有效的，但我要说，真正有力的人，一定不以鄙视来建立自己。

我在小城的时候，楼下住的那位阿姨是个大学老师，我们一道去吃饭，隔壁桌上的女人头发焦黄，抽烟，穿廉价红塑料拖鞋，牵着一只小狗，大声吹嘘自己用多么贵的洗发水给小狗洗澡。那时我是一个自以为是的少女，心中的鄙视油然而起，那位老师却听得津津有味，不时追问细节，渐渐地，我发现这个黄发女人的性情非常有趣，她说的那些细节也为我从前所未闻，鄙视无端地树立壁垒，让自己的城池一再缩小。

再比如《飘》里的媚兰。当年，在“十二棵橡树”，郝思嘉在男孩子面前施展魅力大出风头，别的女孩子，只好以鄙视抵御内心的失落。卫蜜儿说："思嘉今天的举动，也算用尽风骚了。"媚兰说："啊，蜜儿，不是的。你不要这么刻薄。她不过是高兴罢了，活泼罢了，我总觉得她非常可爱。"

当整个亚特兰大城，都以鄙视白瑞德表现自己热爱南方的情怀时，也只有媚兰站出来说，白瑞德说的，有可能是对的。

她从不斜睨任何人，她只有接受，或是发自肺腑的反对。鄙视是一个姿态，这种姿态是需要观众的，哪怕观众是自己。而一个内心坚定又温柔的人，无需观众，她随时都在诚恳地面对自己的内心。总是在鄙视别人的郝思嘉只当她是个傻子，待到媚兰去世，她才终于认识，自己到底失去了什么。

《红楼梦》里写刘姥姥的各种丑态时，作者也是在进行反省吧，虽然当时贾宝玉对刘姥姥还算友善，内心未尝没有一丝鄙视。要到许多年之后，他才知道，这种鄙视是多么浅薄，如果你未曾处于对方的位置，就无法知道，对方的卑微背后，是生活的重荷和不甘被这重荷压倒的勇敢。当你被鄙视蒙蔽住了眼睛，你无法知道，除了你以为的那些，对方也许还有更多。

正当的鄙视是必须的，鄙视恃强凌弱，鄙视巧取豪夺，可笑的只是为了鄙视而鄙视，为了不被别人鄙视而鄙视。那种表演性的鄙视，也许会让人自得于一时，但它也意味着你承认这类鄙视的合理性，从而存在不得不接受他人鄙视的危险。当然，你也可以再接再厉地鄙视对方，可是大好人生，为什么要花时间干这个呢？放轻松一点，明明还有很多更有建设性的事等待你去完成。

郎才女貌这些道道，在爱情里其实没什么用

在当下语境，《生命中不可承受之轻》里的主人公托马斯算得上渣男一枚。

他早年曾经结婚，然后发现“自己的思想没有一处不与那婆娘格格不入”就离了婚。他没法影响孩子，前妻又总是阻挠他去探望，他一时冲动决定再也不去了，“为什么他对这个孩子比对其他孩子要有感情得多？”他不接受没有被心灵检验过的感情。

他父母责怪他，他索性把他们全部忘掉。他也不喜欢被催逼和假装的感情，尽管他有好几个情妇，但他从不容留她们在他家过夜，书里说他讨厌半夜在一个陌生的身体旁醒来，但我想，一个只想拥有“性友谊”的人，恐怕更害怕的

是假装温情。

但托马斯未曾遇到抵制，他生活在二十世纪六十年代的捷克斯洛伐克，他的情妇之一画家萨宾娜甚至对他这一套极为欣赏，她说：“我喜欢你的原因，是你毫不媚俗。在媚俗的王国里你是个魔鬼。”

他们是同质者。作为一个具有自由精神的女人，萨宾娜自洽、自足，并不期待男人的爱给自己的生命增光添彩，更不会让他人定义自己的生活。

但刺痛她的事还是发生了，托马斯居然爱上了一个名叫特丽莎的姑娘，乡村酒吧女招待，没有读过什么书，这都不是问题，问题在于，她原本是托马斯的反面。

“她喜欢腋下夹一本书在街上走。这与一百年前花花公子们的华美手杖一样有意义，使她与其他人区别开来。”嗯，也跟当下屡遭诟病的中年男戴手串一样有意义。

特丽莎接受暗示，相信玄机，渴望上进，当她端着酒杯来为托马斯服务时，正好听到贝多芬的音乐，她认为这就是命运的提点——作者不无讽嘲地写道“尽管贝多芬与屠夫的相遇也是一种有趣的巧合”。

她与托马斯完全是两类人，但是天知道为什么，托马斯爱上了她，当她紧紧攥着他的手，他觉得她就像一个被放在篮子里顺水漂来的孩子，在她身边他可以安然入睡。

这种感觉太抒情了，将一件事赋予想象，视为神迹，不正是托马斯所憎恶的媚俗或曰刻奇？我们不能说托马斯背叛了萨宾娜，但他是否背叛了他们共同的世界？

特丽莎不能懂得托马斯的“性友谊”，为之痛苦不已，托马斯苦于她的痛苦，却也不愿为难自己。两个完全不同也不能相互理解的人，抵死纠缠，难分难舍。

这事挺有意思，托马斯没能爱上懂得他的萨宾娜，却爱上了不能懂他的特丽莎，不是说懂得是爱情的基础吗？“黄金万两容易得，知音一个也难求”，这句话有时也是用来说爱情的。

张爱玲就特别看重“懂得”。和胡兰成第一次见面之后，给他写信说“因为懂得，所以慈悲”。

后来张爱玲和老且多病的赖雅相恋，朋友们又困惑又担心，夏志清甚至怀疑赖雅骗了她，张爱玲却在给朋友的信里说，她和赖雅之间，即使不把话说得特别清楚，彼此也能心领神会。

当代女作家廖一梅则说，人这一生里，遇到爱，遇到性都不稀奇，稀奇的是遇到理解。但这句话在托马斯这里是不成立的，他的爱，并不与理解有关。

托马斯不是孤例，并不觉得爱人就要知心，或者知心就是爱人的还有胡适。他的诸位情人里，最懂他的，非韦莲司莫属，她不但是他的知己，还是帮他开了天眼的那个人。

当年胡适来到美国，对眼前的花花世界非常好奇，但在有些地方，他还是典型的中国式思维。比如当时日本对中国虎视眈眈，战祸随时开启，胡适自知国力衰微，却很乐观地对韦莲司说："水为至柔，却能穿石，攻克一切坚硬的东西。"韦莲司冷静地告诉他，水并不是至柔的东西，它有它的力量。它能攻克坚硬，在其大力，不在其柔。

物理学的清晰，粉碎了中国古典哲学的含糊，胡适道："此言是也。"

又有一次，胡适跟韦莲司说，中国士大夫不拒绝新思想，比如《物种起源》一书，西方守旧者批驳攻击，达半个世纪之久，到了中国便立即为众人接受，未遭到任何抵抗。韦莲司不能认同，说："这并非长处。西方人士不肯人云亦云，必经几次试验证据辩难，而后成为定论。东方人士习于崇奉宗匠之言，苟其动听，便成圭臬。"

可以说，韦莲司的出现，对于聪明绝顶、却常为世俗规则束缚的胡适，犹如一道闪电，帮他劈开了一个新世界。

胡适在日记里这样描述韦莲司："其人极能思想，读书甚多，高洁几近狂狷，虽生富家而不事服饰；一日自剪其发，仅留三寸许，其母与姊腹诽之而无可如何也。”

但他也不敢轻易赞她，有次他不无讨好地说：“曾经约翰弥尔说，如今很少有敢为狂狷之行者，这真是这个时代之患啊。狂乃美德，不是毛病。”韦莲司并不买账，说：“如果是故作狂态，其也不足取。”这对话，简直能入《世说新语》，又有着西式的理性。

胡适一度几乎爱上了她，为她写下带着柔情蜜意的诗句，又想方设法加上注和跋，将那情意瞒天过海。毕竟，他有婚约在身，而韦莲司也知道，她难以想象，却也能够理解。直到离别时刻到来，她才难过地发现，自己早已经爱上了他。

如果一切到此为止，我们可以说，他们发乎情止乎礼，倒也是文明人的做派。但是之后的许多年里，他们又有许多次来往，韦莲司的感情绵延不绝，胡适几乎成为她人生的主题。每当他像候鸟般飞来，总会令她心中震荡不安，她想象自己是他精神上的妻子，在精神上永远陪伴着他。

她在信里对他说：“你所需要的，是一个有智慧的我……我这辈子从来没有像现在这样，必须跟这样一个澎湃无比的力量搏斗着，我要做的是：第一，保持神经健康，有必要转移心力；第二，厘清脑筋，工欲善其事，必先利其器；第二之第二，专精、不旁骛，尝试去了解。课业：新宗教、新宗教为何；静坐，读德文、中文；转移心力：做庭院工作、定心想单纯的事物。”

她知道他想要什么，也知道自己可以为他做什么，她既懂得爱，也懂得他，才会将澎湃的感情，变成一条条计划。那么胡适，一定也很感动吧？

事实却是，这封信并没有得到回复。胡适经常不回她的信，也许是胡适太忙了吧，要做学问，写文章，还要恋爱——他恋爱了许多次。

尽管，他知道她是最懂得他的人，在他心情好的时候，他也会给她写信：“怎么一个人会这么渴望找到一个知己的朋友，这真是令人费解的事……我亲爱的朋友，你一定不能跟我生气，而且一定要理解，我总是想着你——我对你的思念一如既往。”

可是，即使他任驻美大使期间，他选择的陪伴者也是女护士哈德门。美国华裔学者江勇振考据出，当哈德门对韦莲司生出敌意，胡适站在哈德门那边。

韦莲司与胡适，在漫长岁月里有过无数交流，也曾有过亲密关系，韦莲司给胡适的信里说“我想念你的身体”。但是那又怎么样？她始终不是对胡适最为重要的那个人，排序在哈德门以及其他各种人与事之后。

也许，我们高估了懂得这件事的分量。它并不能生成爱，甚至于，它也没那么重要。

当初沈从文追求张兆和，张兆和视他为想吃天鹅肉的癞蛤蟆，并编号为第十三。胡适叹息她不懂沈从文，但热烈追求她的沈从文何尝懂得她？张兆和明明是看不上他，沈从文却偏偏爱她冷冰冰的腔调，觉得又伤人，又迷人。

也许不能懂得，更能诞生爱意，懂得缩短了两人之间的距离，没有空隙产生幻觉，而爱情，分明是需要幻觉点染的。

还记得许多年前，孟非主持的《非诚勿扰》风靡一时，节目里有个人气男嘉宾看上了一个人气女嘉宾。在看客如我等看来，他俩真是天作之合，谁也没有挑剔谁的理由。但姑娘沉默了一下，悠悠地开了口，她说："我在南方长大，从来没有见过雪，前几天，我看到下雪，感到这是一个奇迹。我想爱情也应该是这样的奇迹，很抱歉，你没有给我下雪的感觉。"

她说的真好，也真让人无奈。人世间各种郎才女貌门当户对的道道对她都没用。你的爱没有用，懂得也没有用，她要的是一个奇迹，一种神迹。这种无规可循、没处说理的爱情，才是爱的极致。

那么，为什么还是会有那么多人呼唤知己呢？这里面没有高下之分，只是需求不同。

最为匮乏的处境里，是个异性就行。《红楼梦》里贾母批评才子佳人戏，说佳人但凡看到个清俊的男子，就把父母亲人就忘了，鬼不成鬼，人不成人，哪里还谈得上佳人。

去掉她批判性的态度，这话也有几分道理，佳人于朱门粉墙之内，难得见一个异性，难免“墙头马上遥相顾，一见知君即断肠”，匮乏导致了低燃点。

这种匮乏解决之后，物质一点的，会挑剔颜值；精神一点的，则呼唤理解。人人生而孤独，想要被接受、被肯定、被成全，想要自己的人生投影到另外的生命，也是人之常情。

然而，也有托马斯这样的人，拒绝跟随大众的思路，他内心稳定平衡，不需要从别人的眼睛里看见自己。你懂得我也好，你不懂我拉倒。对于他而言，渴望懂得，寻求理解，就是一个挺媚俗的事儿，他爱上完全不懂自己的特丽莎，就一点也不奇怪了。

好在萨宾娜只是片刻刺痛，随即释然，她不会拿懂得去换取忠诚。

胡适倒没有托马斯这么酷，但他同样内心强大，再则，在他身边不乏争相赞美他、诠释他的人，不管他们说得对不对，反正，他不缺投影。虽然他也希望获得理解，但并没有将理解放到至关重要的位置上。

我佩服他们的冷静与强大，但是，渴望被理解也是一种美妙的感受啊。即便是匮乏产生渴望，有所匮乏有时也能引发丰富的体验。

就像最坚固的城堡，须得有一个城门，或是于荒漠之中，想要看到一点点绿。当我们念起“不惜歌者苦，但伤知音稀”，忽然觉得人世苍茫，无可寻觅，心中若有隐痛，或者被谁安抚……即便这情感在托马斯眼中即是媚俗，那也是他的感觉，刻意仿效真的是媚俗了。我们不必去做托马斯或胡适，我们可以希望遇见能够互相懂得的人。

感怀旧时·

一夜的雨声说些什么呢？湿了的鞋问乱叫的蛙，乱叫的蛙问四周的雾，说些什么呢，一夜的雨声？四周的雾问楼上的灯，楼上的灯问灯下的人，灯下的人抬起头来说，怎么还没有停啊

「贰伍柒—贰捌玖」

《小芳》到《成都》，年轻时的爱和放弃

（一）

在《成都》还没有被改编成一首适合两会期间演唱的歌之前，我一直觉得它是城市版《小芳》：都有一个要离去的地方，都有一个要丢下的姑娘，都是左右为难，画面感也都很强。

《成都》里是：让我掉下眼泪的，不止昨夜的酒。让我依依不舍的，不止你的温柔。余路还要走多久？你攥着我的手。让我感到为难的，挣扎的自由；《小芳》里则是：回城之前的那个晚上，你和我来到小河旁。从没流过的泪水，随着小河淌。

犹记遥远的1993年，《小芳》横空出世，盛况不亚于《成都》。电视上，街头巷尾的磁带店里，没完没了地播放的全是这首歌。它尤其深深打动了那些曾经上山下乡的中年人，谁的记忆里没有个“小芳”呢？就算没有，也得装作有，不留个背影在某地，拿什么风干下酒？

一晃二十多年过去了，上山下乡的记忆几经磨洗，渐不分明，“小芳”却剪了辫子，进入城市，从小河边，穿越到玉林路的尽头。不变的，是那种感情模式，还是一个想走，一个要留，一个要捡，一个想丢。

并不是说，《成都》参考了《小芳》，而是，那种年轻时的爱与离别，是个经典模式，是经典的文学模式，也是经典的感情模式。

这模式，打古时候就开始了。比如元稹的《莺莺传》里，张生游历到蒲州，借住在普救寺，遇见崔莺莺，震惊于她的美丽，展开没皮没脸的追求。红娘要他明媒正娶，张生说：“数日来，行忘止，食忘饱，恐不能逾旦暮，若因媒氏而娶，纳采问名，则三数月间，索我于枯鱼之肆矣。”

他的意思是他急火攻心等不得，崔莺莺倒也接受了，两人偷期密约于西厢，崔莺莺朝隐而出，暮隐而入，如是数月之后，似乎得有个结果。

在以这段故事为底本改编而成的戏剧《西厢记》里，崔莺莺的母亲郑氏像眼下的丈母娘要求女婿买房一样，要张生皇榜高中，才肯把女儿嫁给他，但在《莺莺传》里，郑氏并没有明确表态。是张生自己要去长安赶考，去了，就再也没有回来。

他给出理由是这样的，“大凡天之所命尤物也，不妖其身，必妖于人。使崔氏子遇合富贵，乘宠娇，不为云为雨，则为蛟为螭，吾不知其变化矣。昔殷之辛，周之幽，据百万之国，其势甚厚。然而一女子败之，溃其众，屠其身，至今为天下僇笑。予之德不足以胜妖孽，是用忍情。”

意思是，像崔莺莺这样的美人，不祸害别人，就祸害自己。他还用褒姒做例子，说这样的妖孽他接不住，宁可忍住自己的感情。

他说得头头是道，但接不住你别去撩啊。当年红娘要你娶莺莺时，你回答的，可不是这个版本。更滑稽的是，作者还说，很多人称赞张生是“善补过者”，敢情他这始乱终弃还成美德了。

（二）

相形之下，同样是离别，宋朝词人辛弃疾笔下就深情得多。他有一首《念奴娇·书东流村壁》，写得也是年轻时候的爱与离别：

野棠花落，又匆匆过了，清明时节。刬地东风欺客梦，一枕云屏寒怯。曲岸持觞，垂杨系马，此地曾轻别。楼空人去，旧游飞燕能说。

闻道绮陌东头，行人长见，帘底纤纤月。旧恨春江流不断，新恨云山千叠。料得明朝，尊前重见，镜里花难折。也应惊问：近来多少华发？

据说是在1178年的春天，他被江西帅召为大理少卿，途经池州东流，想起当年曾在这里爱过一个女子，春天还在，人已不再，只留去了又来的燕子，能为那段爱情作证。

少年时候读这首词，对着“此地曾轻别”五个字发了好一会儿愣，虽然也有版本写作“此地曾经别”，但我坚信，当年辛弃疾写的就是“轻别”。

年轻人总把离别看得太“轻”，以为就是一转身，谁都可以没有谁——等等，难道不是这样吗？人到中年的辛弃疾，即便这样长吁短叹，若是人生可以重来，他还是会毫不犹豫地离开她。

在当年，相对于面前的她，更重要的，是通向远方的路。辛弃疾也好，原型为元稹本人的张生也罢，他们都不是贾宝玉，得一份爱情，就可以安身立命。他们的梦想在远方，要建功立业，要为世人瞩目，遇到崔莺莺或是那无名女子时，他们都才刚刚上路，这段爱情，不过是一个驿站，是他们必然要舍下的途经。

前几天看到非虚构写作者王琛写的一篇关于作家阿乙的文章，通篇都很精彩。尤其有个细节，写阿乙从警校毕业之后，分到偏远乡村，他未能免俗地恋爱，虽然对方都是当地乡干部的女儿，他仍然不会告诉县城亲友。

“最无耻的一次，女友吵架，留了纸条跑掉，纸条上写满错别字，意思很清楚：再也不回来了。艾国柱窃喜，收好纸条，留作武器，如果对方回来，他就拿出证据，喏，你说过，分手了。”

原名为艾国柱的阿乙则自己写道：“女人在那里就像木板上的蛋糕，如果我不能克服饥饿，跑去吃了，老鼠夹子就把我夹住，我就要在这鸟不拉屎的地方待上一生。”

真实得让人寒心，却也足够诚恳，当女人以为已经织下爱情的天罗地网时，男人其实早已遁出，冷酷地看着女人作茧自缚。这些偶尔停驻的年轻男人，即便会因为疲惫或是荷尔蒙旺盛而一时软弱，但要走的时候，自会抬起脚来。

所以刘巧珍注定留不住高加林，等他归来，她已为人妇。不用怨艾于这时间差，唐朝时杜牧那首诗写得很清楚：“自是寻春去较迟，不须惆怅怨芳时。狂风落尽深红色，绿叶成荫子满枝。”十四年前，他在湖州为吏时，也曾爱上一个姑娘，十四年后，他故地重游，曾经的誓言，早已成空。

冷酷无情也罢，温情脉脉也罢，实质上都是一样的。实质就是崔健唱过的那几句歌词：“你要我留在这地方，你我要和他们一样，我看着你默默地说，噢，不能这样。”

要等到中年，征伐已了，远方的边界已经被测量，你知道自己不过如此。衰弱感不动声色，侵染过来，那些曾经被你轻易抛洒的爱，突然如珍似宝，旧日太远，此为灯塔或是路标，你要借助它，重返年轻时代。

于是你忘记发过的狠，不能出口的恶意，忘掉曾经冷酷如铁石般的自己，你对自己说，你年轻过，爱过，更重要的是，你被人爱过。你用当年爱你的那个人的眼睛看着自己，想象她惊讶疼惜你的苍老：料得明朝，尊前重见，镜里花难折。也应惊问：近来多少华发？

这样一种回望，说到底，不过是一种自怜，与那个人无关。

（三）

当然也有相识于微时，最后花好月圆终成眷属的爱，比如红拂和李靖。可是红拂所以成为难得的例外，就在于她从一开始，凭持的就不是所谓的爱情。

那时候李靖也还是一个刚上路的年轻人，去拜访隋朝权臣杨素，希望获得他的赏识。杨素倒没怎么样，有个手执红拂的侍妾送李靖出来时，跟他要了地址。当晚，女子登门，要跟他走："妾侍杨司空久，阅天下之人多矣，无如公者。丝萝非独生，愿托乔木，故来奔耳。"李靖忌惮杨素，红拂不屑地说："彼尸居余气，不足畏也。"

你看，红拂之于李靖，更多的是一个预言家，先众人一步认出了他，对于野心勃勃的男人，她的巨眼，比爱情重要。她是他的知己，他的推手，他的强心针，他漫漫长途上的小伙伴。

他们一起远走高飞，投宿于灵石客栈，清晨红拂站在床前梳头，一个留着大胡子的陌生男子，看得目不转睛。红拂制止住李靖蓄势待发的怒火，梳好头，问大胡子男人姓什么，对方回答姓张，立即被红拂认了哥哥。

她就这么搞定了虬髯客，把他变成了李靖的人脉，后来还给了李靖大笔赞助。可以想象，红拂的主动、机智尤其是在复杂处境里淬炼出来的那种沉着，在李靖征伐的路上，能够帮他更多。他人生里的壮怀激烈都与她有关，她已成他人生的见证，甚至于是他一部分的人生，让他怎能离开她？

对于这些想要改变自身阶层的男人，一起做事的爱情，比起被荷尔蒙催化的爱情，就是更深刻一点。他们不只是以树的形象站在一起，在看不到的地方，他们已然是根须相连，你中有我，我中有你。他们绝对不会轻易错过。

这是更加现实的世界，在那些轻吟浅唱之外。有人嫌它太冷硬，必须加上滤镜，无论是流浪歌手，还是古代诗人，他们只说离别，不言放弃，模糊掉昔日的千疮百孔，只留下两个字，叫“爱过”。

而听歌的人，心知肚明，不去深究，现实已经是这样难看的高清，又何必将往事看得分明，不如删繁就简，只留一个背影。一个背影就够了，就能安慰这空洞的余生。

“高级丧”
就是精神上的葛优躺

好多年前，和女友在某个日料店见面，中间出了一点状况，老板亲自到场说明情况。

老板是个瘦削的中年男人，平头，衣着灰色系，醒目的是他异乎寻常的低眉顺眼，并非谦恭，更像是对这一团热闹缺乏兴趣。和室昏沉的灯影下，面对伶牙俐齿眼波横动的女友，他眼皮都不带抬的，淡淡地解释着，我仿佛听到他内心默默地叹着气，也并不是觉得棘手，只是这突发的小细节，打破了他的安宁。

他离去之后，我说，这个人气质很好。女友惊奇地看着我，一脸的“我怎么没有看出来”，然后才说，你的审美真是太奇怪了。

也许确实有点奇怪，相对于广告里那种西装革履、精神抖擞、迎着朝阳开始美好一天的鸡血男，我总是对无精打采垂头丧气的人陡生好感。比如《围城》里的方鸿渐，即使他“没用”，被指为“多余的人”，但他那点玩世不恭、弱小姿态下的颓唐，在我看来是迷人的。连他买假学历我都不觉得是个问题。

家中包办的未婚妻早逝，准老丈人把准备好的嫁妆折算成学费送他出国留学，他来到欧洲，晃晃悠悠地将巴黎、柏林、伦敦一一游历。“随便听几门功课，兴趣颇广，心得全无，生活尤其懒散。”

他对学历无所谓，但是他爹以及花钱送他出国的老丈人都找他要学历：“这一张文凭，仿佛有亚当、夏娃下身下面那片树叶的功用，可以遮羞包丑；小小一张纸能把一个人的空疏、寡陋、愚笨都掩藏起来。自己没有文凭，好像精神上赤条条的，没有包裹。”

他从一个骗子那里买了张克莱登大学的博士学历去敷衍他们，打定主意从此后讳莫如深，找工作的时候，也从未跟人提起。

与很多招摇撞骗的家伙不同，方鸿渐买假学历，既是跟要求钱货两清的老丈人开的一个玩笑，也是对这个虚荣喧哗的世界的一个解构，“父亲和丈人希望自己是个博士，做儿子女婿的人好意思教他们失望么？买张文凭去哄他们，好比前清时代花钱捐个官，或英国殖民地商人向帝国府库报效几万镑换个爵士头衔，光耀门楣，也是孝子贤婿应有的承欢养志。”

俗世滔滔，他不入眼的东西很多，但也没有兴趣激烈对抗，干脆逆来顺受，顺水推舟，马马虎虎地应付掉。他用开玩笑的态度过日子，颓得太狠，有时会显得放肆。

比如他“学成归来”，家乡父老邀请他去演讲，他最怕演讲，但推辞不了。父亲丢给他几本线装书做准备，他看了一个下午，居然津津有味，书中颇多奇谈怪论，比如“中国人品性方正所以说地是方的，洋人品性圆滑，所以主张地是圆的；中国人的心位置正中，西洋人的心位置偏左；西洋进口的鸦片有毒，非禁不可，中国地土性质和平，出产的鸦片，吸食也不会上瘾……”

这些胡说八道因为荒诞而有趣，却不能跟人分享，要让他道貌岸然也难，在去大伯家吃饭回来后，他才“醉眼迷离，翻了三五本历史教科书，凑满一千多字的讲稿，插穿了两个笑话”。自以为无碍，但潜意识主宰了行为，在第二天登台之前，可巧不巧地将那讲稿忘在换下来的长衫口袋里。

他只好信口开河，从鸦片讲到梅毒，校长大人猝不及防，无地自容，连记录的女生都涨红脸停笔不写，“仿佛听了鸿渐最后的一句，处女的耳朵已经当众丧失贞操”，方鸿渐以他的漫不经心狠狠地讽刺了这个俗套的世界。

连婚姻也如此这般，他也曾对爱情认真过，却先是被鲍小姐耍了一道，被苏小姐坑了一道，被他所爱的唐小姐狠狠地刺过一道，之后，他便也对一切无可无不可了。他明明知道孙柔嘉“千方百计”要嫁给他，使出花样来，要让他这条鱼上钩，他对于孙柔嘉也很难谈上什么爱情，却身不由己地配合她的戏路。

方鸿渐的这种状态，现在叫作“丧”，互动百科中这样定义丧：丧文化是指一些“九零”后的年青人，在现实生活中，失去目标和希望，陷入颓废和绝望的泥沼而难以自拔的话，他们是丧失心智，漫无目的，蹒跚而行，没有情感，没有意识，没有约束，只能麻木生存下去的行尸走肉。

颓废、绝望、漫无目的、蹒跚而行、没有意识和约束等等倒像是在说方鸿渐，但接下来又说，“对于现实再如何努力也难以打破固化的阶级的绝望—— 发展前景太过迷茫，前进的路太过曲折，让我们洞悉并受困于自身无能。既然如此，就让我们躺一躺，就这样，躺尸到死亡。”放到方鸿渐身上并不合适，发展与前进，对于方鸿渐来说意义都不大，他的丧，并非压迫的结果，而是自我的选择，这也许是一种高级丧。

聪明如他，早就知道这世间事都是“围城”，城里面的想出来，城外面的想进去，那么拼也不过是从一种遗憾抵达另一种遗憾，不如以逸待劳躺下拉倒；另一方面，他也知道自己不过如此，即便天降大任于他，他那小身板也承担不起。

他注定不能像赵辛楣那样单纯又优越，将美式英语说得流利响亮，像天上滚过的雷；也不能像四喜丸子脸的曹元朗那样，为自己令人作呕的诗句沾沾自喜。却也懒得绝望，裴多菲有诗曰：“绝望之虚妄，正与希望同。”他只求片刻自在，被动地、懒洋洋地拒绝被异化。

嵇康则比他“丧”得激进一点，那篇著名的《与山巨源绝交书》，简直就是一篇丧者宣言。

嵇康先说自己：“性复疏懒，筋驽肉缓，头面常一月十五日不洗，不大闷痒，不能沐也。每常小便而忍不起，令胞中略转乃起耳。”

个把月不洗头，不是特别痒就不洗澡，感觉到尿意也是不会行动的，不到尿急都不解决，估计他成天都在葛优躺。

这还不算，他又进一步地讲自己还有不堪者七，甚不可者二，分别是，爱睡懒觉，受不了有人叫自己起床；喜欢抱着琴到处乱走，要是有吏卒在旁边跟着多不自在；身上好多虱子，没事就挠挠，因此不能穿着官服揖拜上官；讨厌写信，更不想处理公文；特别烦吊丧，当了官以后要是不去，别人怕是不能原谅；讨厌俗人，不想应付宾客；天生不耐烦，搞不定那些政务公事；还爱信口开河，非汤武而薄周孔，必为世教所不容；刚肠疾恶，轻肆直言，遇事便发，更是万万不可。

看这洋洋洒洒一大篇，如果还认为嵇康只是跟司马家族对着干，未免把他看扁了，这明摆着是要跟兴兴头头的整个世界为敌，跟光鲜周全、争做人生赢家的三观为敌，宁可做个自由而邋遢的“行尸走肉”，以他的颓和丧，构成对那个忙忙叨叨的世界的讽刺。

即使不是司马家族当权，是曹氏家族主政，嵇康估计也是这德行。被司马氏抓去，到了刑场上，他还是那副浑不吝的模样，只是来一句“广陵散于今绝矣”，好像是说，世间事唯此一件值得挂怀，倒显得那个想要他脑袋的人用力过猛。

当然，如果温度土壤合适，“高级丧”也可以不那么沉重。有个朋友，文章写得挺好，但自知并非不世出的才华，也不怎么认真去对待，偶尔见他出手，都像是随随便便写的，里面有灵光闪烁，但并不想致密地编织。他似乎打定主意，就这样看人生流逝，将自己淹没在芸芸众生之中，说起来是不够进取，但想想世间有那么多争前恐后在名利场上拼争的人，有这么一个人，也算是滚滚浊世里的一股清流了。

普通的“丧”是希望上进而不得，希望做一个优越的人而不得；高级丧则是看着世间的各种欲望发笑，不求升官发财，也不指望自我实现，那些看似诱惑的词，他们早已呵呵置之。吾友思呈君曾说，聪明的人容易灰心，而不执着的终极就是高级丧。

作为外貌党的杨绛

早晨看到冰川思想库上有篇文章，为姚峥华所作，提及杨绛与张爱玲的隔空评价。

以刻薄著称的张爱玲，看了前《联合文学》总编丘彦明寄去的《干校六记》后，却给予颇高的评价，回信说：“新近的杨绛‘六记’真好，那么冲淡幽默，而有昏蒙怪异的别有天地非人间之感。”而一向有“最贤的妻，最才的女”之称的杨绛，并没有与她惺惺相惜，2010年，她在给出版家钟叔河的信里，提到张爱玲，第一反应是剑指她的相貌：

“前天刘绪源赠我一本《翻书偶记》，序文是你的大笔，忙翻开细读，我觉得你们都过高看待张爱玲了，我对她有偏见，我的外甥女和张同是圣玛利女校学生，我的外甥女说张爱玲死要出风头，故意奇装异服，想吸引人，但她相貌难看，一脸‘花生米’（青春痘也），同学都看不起她。”

奇装异服、相貌难看，就该被同学瞧不起？又跟张爱玲值不值得高看有一毛钱关系吗？对于自己的奇装奇服，张爱玲有过著名的解释，说是知道自己长得不好看，只好这样吸引别人注意，其实是带有点自嘲的，也是很有现代性的。

接下来，杨绛再一次提到张爱玲不好看，还举出夏志清的话做例子，说张爱玲举止不自然，相貌可怕云云，完全忘记了钱锺书“鸡和鸡蛋”的名言，鸡蛋好吃与否，与鸡好不好看是没有关系的，与鸡是否优雅也是没有关系的。

更何况，气质相貌都是由一个人的主观判断，以这种判断，作为该作家是否值得高看的理由之一，很说不过去。压缩一下，就是，钟叔河推崇张爱玲，杨绛说，哎呀，你不知道，她同学都说她长得很难看……他们都瞧不起她……

至于她认为张爱玲的小说“意境卑下”，我倒不觉得是太大问题，单就文字见仁见智，说长道短，本来就是评论者的本分，评论与人身攻击是两件事。

我并无意于黑杨绛。去年杨绛去世时，先是一拨人呼喊“先生之风，山高水长”，然后又一拨人拍案而起，梳理各种罪名，认为她和钱锺书颇善明哲保身之道：钱锺书接下翻译红宝书的差事，“文革”结束后，他们又和某高官走得比较近，成了该高官人物身边的点缀。我曾写过一篇文章，反对这种指控，不能要求每个人都像傅雷夫妇那样刚烈如撞笼之鸟，只要没有害人之心，设法自保也未尝不可。

但是，对于杨绛这种外貌党做派，一直私心里是有点不以为然的，还别说她这是文人相轻，此前，她也曾写过一篇文章，叫作《镜中人》，评价她家保姆的外表。

这篇文章写得很巧，先说自己家有三面镜子，有个镜子把她照得很好看，有个照得很难看，还有一个取其中，她一向最相信中间那一个。但是通过他们家一个保姆的表现，她发现，即使这样，也未必客观。

这篇文章一开头就带有点自嘲的意味，写到奉承她的那个镜子时，颇有些幽默：“别哄我，也许在特殊情况下，例如‘灯下看美人’，一霎时，我会给人一个很好的印象，却不是我的真相。”但写到她家保姆时，下笔不知怎的，就变得凌厉起来。

她这样描写这位郭姓保姆的外表（这个姓氏也许处理过）：钱锺书曾说，对丑人多看一眼是对那丑人的残酷。我却认为对郭妈多看一眼是对自己的残酷。她第一次来我家，我吓得赶忙躲开了。她丑得太可怕了：梭子脸，中间宽，两头窄，两块高颧骨夹着个小尖鼻子，一双肿泡眼；麻皮，皮色是刚脱了痂的嫩肉色；嘴唇厚而红润，也许因为有些紧张，还吐着半个舌尖；清汤挂面式的头发，很长，梳得光光润润，水淋淋地贴在面颊两侧，好像刚从水里钻出来似的。她是小脚，一步一扭，手肘也随着脚步前伸。

郭妈真的长这样吗？我也不是特别相信，因为后面，杨绛又写到，一位收发员看上了这位郭妈。杨绛用“糊涂”来形容这位收发员，又暗示收发员看中保姆，与郭妈穿了她的衣服有关，但是，甲之熊掌乙之砒霜，审美这种事，本来就很主观，怎么以自己的认知为标准呢？

不管怎样，杨绛是认定郭妈丑得惊人了。连她被丈夫抛弃，杨绛都认为“那位丈夫想必是看到郭妈丑得可怕，吃惊不小，结婚一两个星期后就另外找了一个女人……”而这样一个女人，居然还觉得自己是美的，还挑剔别人的外表，让杨绛不由反省，自己也许并不像自以为的那么美，和这位郭保姆一样，不过是五十笑百步罢了。

到最后还像是自黑，可是，杨绛会用“丑得可怕”“肿眼泡”“麻皮”这样的词来形容自己吗？没有这种实打实的描述，“五十笑百步”之说，并不会让读者像清楚地了解郭保姆那样了解杨绛的相貌，完全不影响她自己的形象。

文中还说“我当家不精明，半斤肉她报一斤，我也不知道。买鱼我只知死鱼、活鱼，却不知是什么鱼。所以郭妈的‘篮口’不错，一个月的‘篮口’比她一个月的工资还多”，这其实也是很奇怪的，你都当家那么不精明了，又如何知道她的“篮口”比工资还多呢？但这里还是只说相貌党这件事吧。

记得多年前，本地有对贪官夫妇被审讯，记者写稿时，描写了贪官夫人的长相，用了远未达到杨绛这篇文章所用的这种量级的形容词，后来被编辑老师批评。对于任何人，都不应有带有人身攻击的相貌描写，而杨绛，将这类词加在一个跟了她十一年的老保姆身上，无论如何是不太合适的。

而单是作为一个相貌党而言，杨绛也不是特别合格的，比如说，她的审美比较固化。她曾经对林黛玉的“似喜非喜含情目”表示不能接受，说：“深闺淑女，哪来这副表情？这该是招徕男人的一种表情吧？又比如第七回，黛玉冷笑道：‘我就知道，别人不挑剩的，也不给我呀。’林姑娘是盐课林如海的女公子，按她的身份，她只会默默无言，暗下垂泪……’”

看到这段话，一时间竟觉得杨绛先生是不是被王夫人附了体？“招徕男人”四个字，让我由不得想起最近因为善讲女德的大红大紫的丁璇老师。

当然，我也知道，杨绛先生是敢爱敢恨的人，据说费孝通总说杨绛是他的初恋女友，杨绛对此非常反感，但她也挺爱跟人说这件事的，有些两个人之间的对话，应是杨绛方面流出。

吴宓的女儿吴学昭就在《听杨绛谈往事》里写道：钱先生去世后，费老曾去拜访杨先生。杨先生送他下楼时说：“楼梯不好走，你以后也不要再‘知难而上’了。”这就等于谢绝了他的访问。费老有新作出版，常送杨先生“指正”，有时也派女儿或身边工作人员探望一下杨先生，送盆珍贵的花或小玩意儿什么的。

“一次杨先生来我家串门儿，快到中午的时候，让我陪她到住在同院的费老家坐坐，对他的多次问候表示谢意。费老万没想到杨先生亲自登门，兴奋地说个不停，时近正午，定要留饭，杨先生推说我家已做准备，便匆匆告辞。这次旋风式的访问，心意到了，礼貌周全，前后用了不到二十分钟。我不得不佩服杨先生的聪明安排和他对费老始终做一个‘普通朋友’的一贯坚持。”

杨先生的矜持和费老的热络都从中可以窥知。但无论如何，随意评价别人的相貌总是不太好的，被杨绛认为“老实”的苏青，在1944年的某个聚会上，曾老实不客气地奚落过冰心：“我从前看冰心的诗和文章，觉得很美丽，后来看到她的照片，原来非常难看，又想到她在作品中时常卖弄她的女性美，就没有兴趣再读她文章了，真是说也可笑。”

但这个也比较容易理解，她不以为然的并不是冰心不“美丽”，而是冰心在诗和文章里“卖弄”她的女性美。就在那次聚会上，张爱玲对冰心也有非议，说：“冰心的清婉往往流于做作，丁玲的初期作品是好的，后来略有点力不从心。踏实地把握住生活情趣的，苏青是第一个。”力挺自己闺密。后来她也在《小团圆》里描写苏青的外表，用词也有点尖刻，但到底是小说，问题不算太大。

有意思的是，1991年，冰心在日记里称赞张爱玲的小说《金锁记》：“完全是解放前大家庭里的事，泼妇可真泼。”（王炳根《冰心研究专家独家披露冰心日记》），不知道她是不了解张爱玲对她的非议呢，还是活出了境界，并不放在心上。她也肯用一个“俏”字形容当年怼过的林徽因。人到老年，反倒活得宏阔了，也算难得。

我曾从他的字句里
懂得爱和死亡

窗下种了两棵蜡梅，这两天开得正好，早晨站在花下，芳香似有还无地拂过，香得那么中国。由不得想起余光中的诗句“母亲一样的蜡梅香”，也只有这五个字能形容了，蜡梅香真是一种“乡愁的芬芳”。

中午便在朋友圈看到余光中先生去世的消息。

余先生享年90，算得上高寿，他自己也说对于做人瑞没兴趣，所以谈不上什么伤感。但心里还是狠狠地震了一下，似乎有个一直高高地放在那里的什么打碎了。身为七零后，知道接下来必然要送别爱过的一位一位，但这种破碎感总是在所难免，他们离去了，有些记忆就真的成了过去，褪色了，发黄了，不能时常翻检了，必须收入高阁。

对于余光中先生有所感，始于二十世纪九十年代初，那时小城的广场上，有一大片书摊，比新华书店更齐全，上新也更快。其中最西头那家格调最高，老板也最为傲慢，总是袖着手，爱答不理地在坐着，像是早早看穿了一切。

就是在那个书摊上，我买到第一本余光中诗集，好像是四川文艺出版社出的，青色的封面，书名叫什么我已经记不得了。余光中当时是最著名的台湾诗人，电视上电台里经常朗诵那首《乡愁》，还被谱了曲，在晚会上演唱，我虽然不算特别喜欢这首诗，但买一本余光中的诗集回家总是不错的。

就在书摊老板傲慢兼猜疑的注视下，我付了钱，取了书，晚上在灯下翻看，竟如不经意中踏入长而幽深的甬道，一走就是许多年。

起初最爱的是那首《等你，在雨中》：

等你，在雨中，在造虹的雨中，蝉声沉落，蛙声升起，一池的红莲如红焰，等你，在雨中你来不来都一样，竟感觉，每朵莲都像你，尤其隔着黄昏，隔着这样的细雨永恒，刹那，刹那，永恒，等你，在时间之外，在时间之内，在刹那，在永恒。

“等待”也算是悠久的主题了，如《氓》之“乘彼垝垣，以望复关。不见复关，泣涕涟涟”，如《子衿》之“青青子佩，悠悠我思。纵我不往，子宁不来”，皆等得各种煎熬。余光中这首却不同，他不为等待所苦，爱意犹如一种酶，化平凡为神奇，所及之处，皆如梦似幻，最后，你来不来都一样，因为这等待本身，已经让我足够迷醉。

只有毫无功利心的少年，才能够享受等待本身，才能生出那种又寂静又明亮的“刹那”与“永恒”的交错感。其时灯光如水，漫漶了白纸黑字，我不由灵魂出窍，宛然已入文字间，和诗人一样，怔怔地望向细雨对面的无穷尽。

余光中总能把我说不出的感觉，用最逼真而又最美妙的方式说出来，那首《一夜的雨声说些什么呢》也是如此：

一夜的雨声说些什么呢？楼上的灯问窗外的树，窗外的树问巷口的车

一夜的雨声说些什么呢？巷口的车问远方的路，远方的路问上游的桥

一夜的雨声说些什么呢？上游的桥问小时的伞，小时的

伞问湿了的鞋

一夜的雨声说些什么呢？湿了的鞋问乱叫的蛙，乱叫的蛙问四周的雾

说些什么呢，一夜的雨声？四周的雾问楼上的灯，楼上的灯问灯下的人

灯下的人抬起头来说，怎么还没有停啊

那时我家住在小巷里，我的窗前就有那样的树，我的巷口就有那样的车，我小时候也曾无所感地踩着湿了的鞋，撑着伞，从巷子里踢踢踏踏地跑过，而有一天，我也将在被夜雾围拢的某个窗口，抬起头，问这么一场雨，怎么随随便便就下了这么多年。

凉意不由打心底透出，再看身外一应事物，都像已经被时光做旧。我暗暗告诫自己认真地看一看它们，也许在将来，我会无能为力地怀念，因为再也寻它们不着。

余光中的文字里有少年感，即便是沧桑，也是少年式的沧桑，清澈、敏感、多思，而不带一丝油腻。他写冷雨，“走入霏霏更想入非非”，说冷雨将将台北的长街短巷，变成一部黑白片。

他对心上人表白：“月色与雪色之间，你是第三种绝

色”；他写夜晚来临，是“黄昏那偷渡客，是怎么越境的呢，而黑衣帮的夜色，又怎么接应的呢”，又说“所谓夜，不过是边陲的城堡，夜读人是孤戍的堡主，一弯灯光流过来，便成美丽的护城河了……”

余光中惠我的，不只是审美上的润泽，还有爱与死亡的理解，像那首《伞盟》，他说“如果死亡是一场黑雨凄凄，幸而我还有一段爱情，一把古典的小雨伞，撑开一圈柔红的气氛”。

这诗句让我想起贾宝玉对于林黛玉的爱情，他无时无刻不感到死亡的威胁，虚无的威胁，使他需要一段爱情，一个女子的眼泪，将他从这虚空中打捞出来。这爱情于他是一种救赎，就像诗的最末一段：“如果夜是青雨淋淋，如果死亡是黑雨凄凄，如果我立在雨地上，等你撑伞来迎接，等你……”

在《双人床》里他写得更直接：

让战争在双人床外进行，躺在你长长的斜坡上，
听流弹，像一把呼啸的萤火
在你的，我的头顶穿过
穿过我的鬍鬚和你的头发

让政变和革命在四周呐喊

至少爱情在我们的一边

至少破晓前我们很安全

可怜无定河边骨，犹是春闺梦里人。你急切想要拥抱的血肉之躯，随时有可能变成战争的炮灰，但这一刻，你还在我怀中，“仍滑腻，仍柔软，仍可以烫热，一种纯粹而精细的疯狂”，若我们之于彼此是珍贵的，那么，我们的存在就是有着重大意义的。

相形之下，《乡愁》在他的作品里，实在算不得优秀，我更喜欢那首《乡愁四韵》，“蜡梅香”正是出自于这首：“给我一朵蜡梅香啊蜡梅香，母亲一样的蜡梅香，母亲的芬芳，是乡愁的芬芳，给我一朵蜡梅香啊蜡梅香。”罗大佑给它谱上了曲，深夜里我曾听了一遍又一遍，连衔接处，吉他忽然而起的一声锵然，都让我再三回味。

在物质生活和精神食粮都很匮乏的八十年代末和九十年代初，余光中承包了我精神层面上的很大一部分，我借助他的诗句感受我的生活，也借助他的诗句遥想不可企及处。那篇《记忆像铁轨一样长》，让我羡慕到惆怅，他写在芝加哥坐老火车：

“太阳把一切成熟的东西焙得更成熟，黄透的枫叶杂着赭尽的橡叶，一路艳烧到天边，谁见过那样美丽的‘火灾’呢？过密西西比河，铁桥上敲起空旷的铿锵，桥影如网，到暮色在窗，芝城的灯光迎面渐密，那黑人老车掌就喉音重浊地喊出站名：Tanglewood!”

我恍惚间觉得，我也见过那样一个老车掌。

也许，余光中之于我，有着跟三毛、琼瑶相似的意义，他提供了一个生活范本，我羡慕他的一切，飘荡的少年，“常州人，南京人，川娃儿，五陵少年。杏花春雨江南，那是他的少年时代了”；羡慕他在美国和欧洲大地上的游历；羡慕他懂得如何感受风晨雨夕、感受生与死与爱的浩荡，他是我想成为而不得的那一类人，还好，他把自己在文字里展示得比较充分。

少年时候，崇拜一个人，就会有点夸张。那时就想，一个人若活在唐朝，怎么着也得见见李白杜甫，活在宋朝，怎么着，也得窥视一下苏轼，活在当今呢，跟余光中晤个面才不算冤枉，至于怎么才能见到他，我却无法想象。

就这么傻傻想着，有一次，居然在电视上看到他了。他回大陆，央视的记者陪着他，一路做着访问，忘了记者都问了他些啥，反正在我看来，全部不在点子上。最让我受不了的，是记者的那种平淡口气，我想，他大概不知道面前站着的，是一位什么样的人吧。

他们一块儿到了哈尔滨，余光中说，多年来，他一直听那首歌里唱“我的家在松花江上”，说着，他突然咳了一下，用手捂了一下嘴，我感觉他哽咽了。那个主持人居然还在喋喋不休地问这问那，我隔着电视也想一把推开他，说，放开他，让我来。

可是，即使见到余光中，我又能问什么呢？跟他说我读过的诗句还是我度过的岁月？前者如阿谀，后者太自我，估计还是什么都说不出，倒不如让这个没心没肺的主持人来问他。

又过了许多年，我不复少年，而立之后，对他的喜爱转淡。也许是读得太熟了，而他又表达得太充分，是可以充分吸收的那种，不像有些诗人会带着拒绝，那么一点距离感，让人可以读了又读而不厌倦，比如我后来爱上的洛夫。

然而，在这个凄风冷雨的中午，听到他的离去，心中犹有震撼。像有寒风从某处刮来，有什么从高处跌落，这些散乱文字，就是我面对的一地碎片。可以想象，接下来，会有人对他进行多角度的点评，会以自己的标准尝试着对他盖棺定论。而我，在这里想说的，只是在我的少年时代，感受到的陪伴，我感谢这陪伴。

这本书也许比那些经典的名著更值得一读，

你能在阅读中识别自己，也将自己唤醒。